キソとキホン 小学校[illegible]

「わかる!」がたのしい社会

フォーラム・A

はじめに

近年の教育をめぐる動きは、目まぐるしいものがあります。

2020年度実施の新学習指導要領においても、学年間の単元移動があったり、発展という名のもとに、読むだけの教材が多くなったりしています。通り一遍の学習では、なかなか社会に興味を持ったり、基礎知識の定着も図れません。

そこで学習の補助として、基礎的な内容を反復学習によって、だれもが一人で身につけられるように編集しました。

また、「１回の学習が短時間でできるようにすること」、「各単元をホップ・ステップ・ジャンプの３段構成にすること」で学習への興味関心が持続するようにしてあります。

【本書の単元構成】

ホップ（イメージマップ）

単元のはじめの２ページ見開きを単元全体がとらえられる構造図にしています。重要語句・用語等をなぞり書きしたり、図に色づけをしたりしながら、単元全体がやさしく理解できるようにしています。

ステップ（ワーク）

基礎的な内容を学習しています。視点を少し変えた問題に取り組み、ポイントを読むことで理解が深まり、使える力が身につくようにしています。

ジャンプ（要点まとめ）

学習した内容の定着を図れるように、要点をまとめた問題を単元末につけています。弱い点があれば、もう一度ステップ（ワーク）に取り組んでみましょう。

このプリント集が多くの子たちに活用され、自ら進んで学習するようになり社会学習に興味関心が持てるようになれることを祈ります。

もくじ

1 イメージマップ 地図の見方・作り方

次のうすく書かれた言葉をなぞりましょう。

《方位》

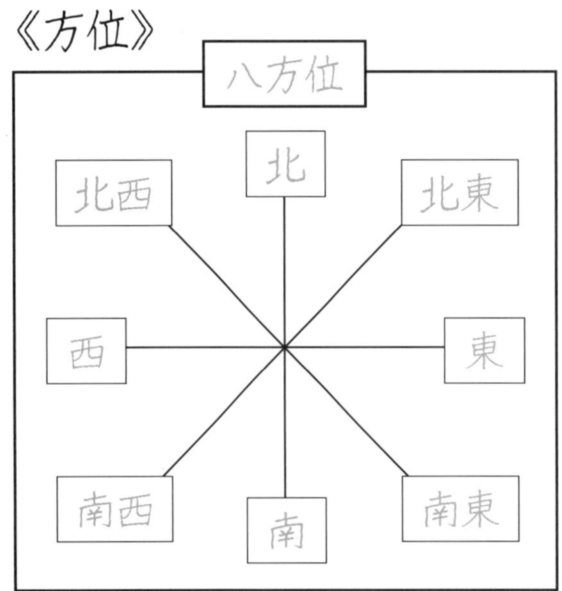

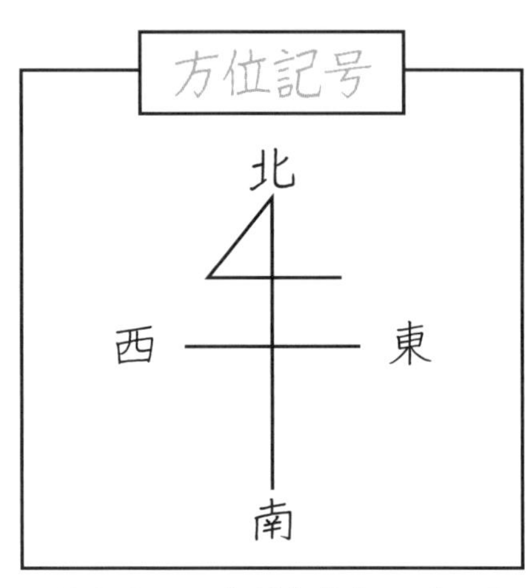

※このマークが上を向いている

《地図記号》

記号	意味	元の形
	田	
	いねをかりとったあとの切りかぶ	
	畑（はたけ）	
	タネからめを出した２まい草	
	ゆうびん局（きょく）	
	昔のゆうびんのマーク	
	消（しょう）ぼうしょ	
	昔使（つか）われていた火を消（け）す道具（どうぐ）	
	けいさつしょ	
	けいぼうを交さして○でかこんだ形	

記号	意味	元の形
	工場	
	工場の歯車（はぐるま）	
	病院（びょういん）	
	赤十字のしるし	
文	学校（小・中）	
	文という形	
	神社（じんじゃ）	
	神社にあるとりい	
	くだもの畑	
	りんごやなしなどの実（み）の形	

《地図記号を使った地図の作成》

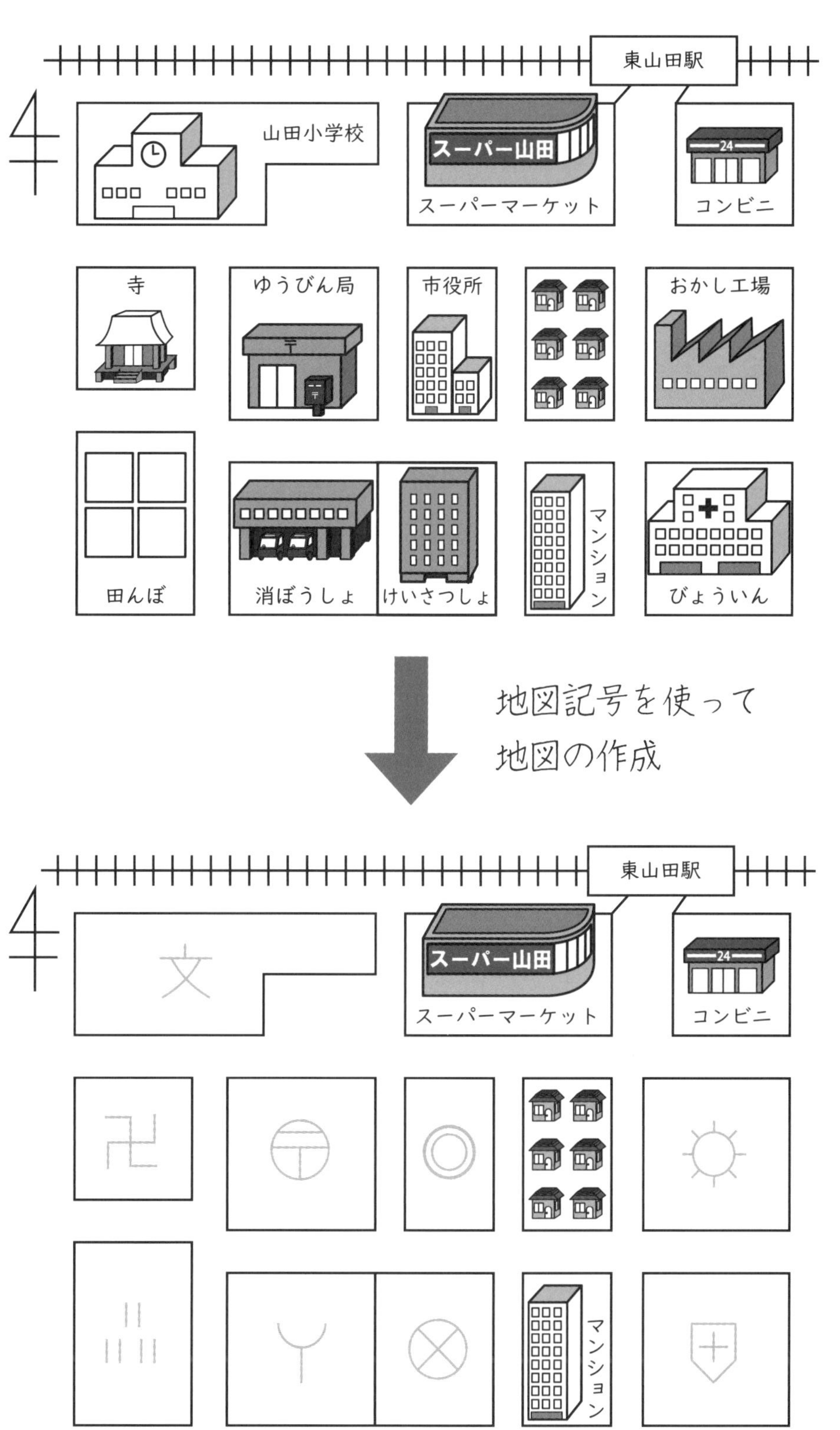

ステップ

方位と絵地図

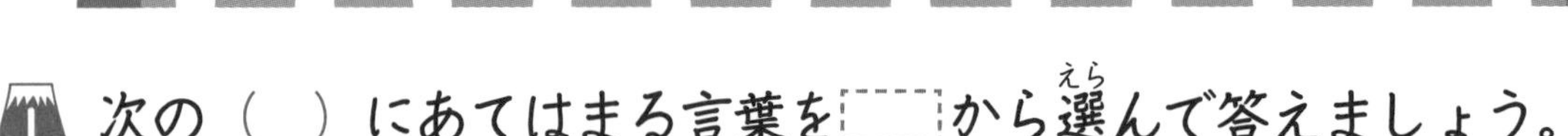

1 次の（　）にあてはまる言葉を[　]から選ん（えら）で答えましょう。

東西南北の向きのことを（①　　　）といいます。（①）は、東・西・南・北だけの（②　　　）や、図のような（③　　　）などを用いて表すことができます。

北を向いて立ったとき、右手は（④　　　）、左手は（⑤　　　）の方角をしめします。また、せなかは（⑥　　　）を向きます。

八方位（はちほうい）　四方位　方位　東　西　南

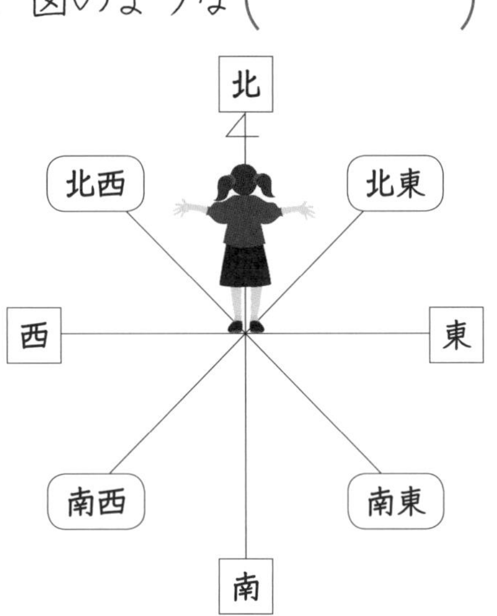

2 次の八方位の図にあてはまる方角を[　]に答えましょう。

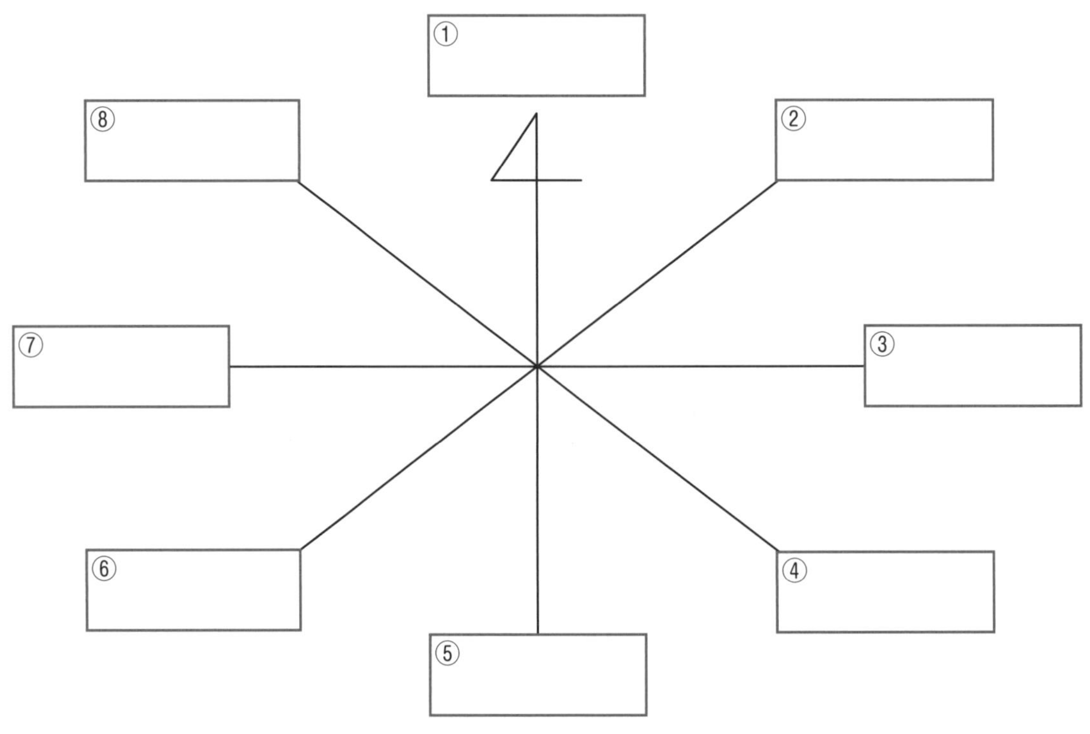

学びのディープポイント! 方位記号をかくときは、「北を上にしてかく」よ。同じように、地図も「北を上にして示す」ことが多いね。このことを共通でわかっていることで、「地図の読み取り」がかんたんになるんだよ。

3 山田小学校の校区図を見て、（　）には建物を、□には方位を答えましょう。

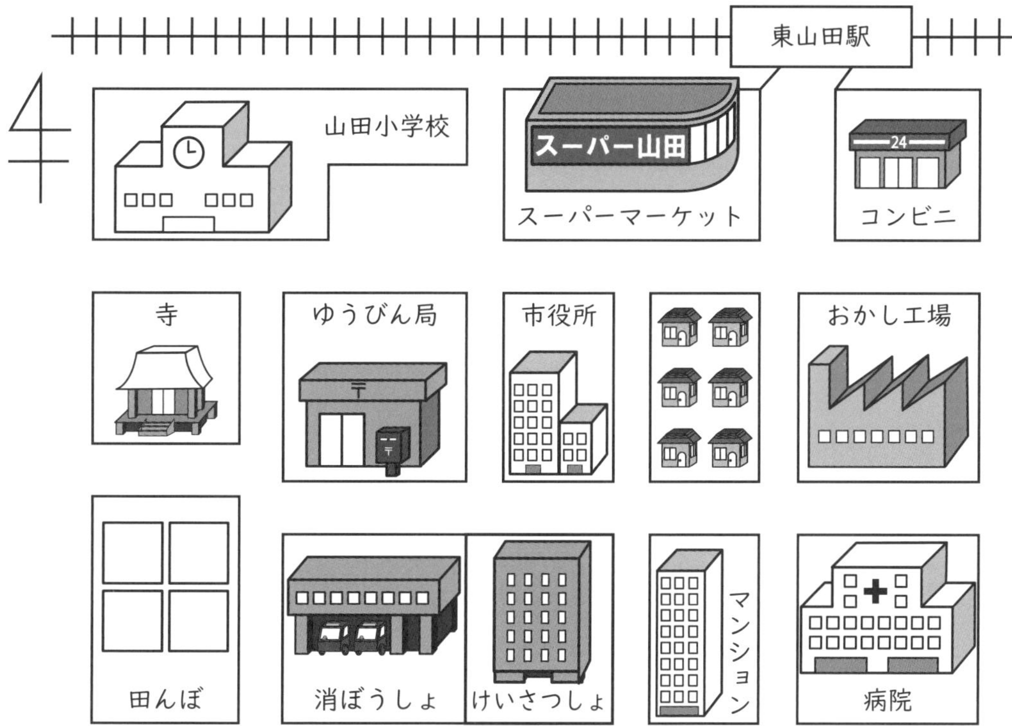

① 町の□には、鉄道が東西に走っている。

② 町の東に、おかし工場、南東に（　　　　）がある。

③ 山田駅から線路にそって□に進むと山田小学校がある。

④ 市役所の□には家が集まっていて、南には（　　　　）がある。

⑤ けいさつしょの西には、（　　　　）がある。

⑥ 山田小学校の□には（　　　　）とゆうびん局がある。

ステップ

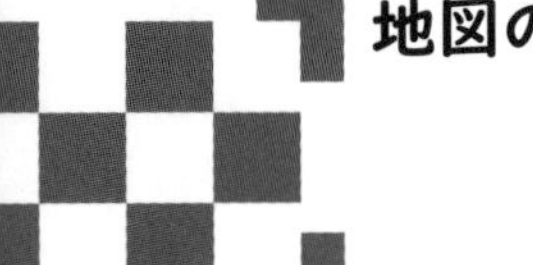

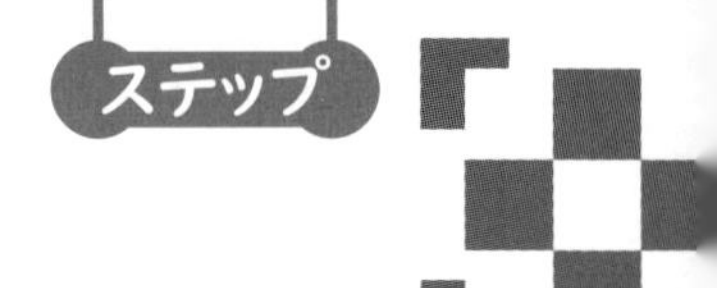

絵地図と地図記号

1 右の絵地図から下の地図記号を使った地図をつくります。

(1) ㋐～㋓には、方角を答えましょう。

(2) Ⓐの方位記号をなぞりましょう。

(3) 絵地図の建物にかいてある地図記号をなぞりましょう。

(4) 人の住む家があるところは「ピンク色」で、店は「茶色」にぬりましょう。

〈絵地図〉

東山田駅
山田小学校
スーパー山田
スーパーマーケット
24
コンビニ
寺
ゆうびん局
市役所
おかし工場
田んぼ
消ぼうしょ
けいさつしょ
マンション
びょういん

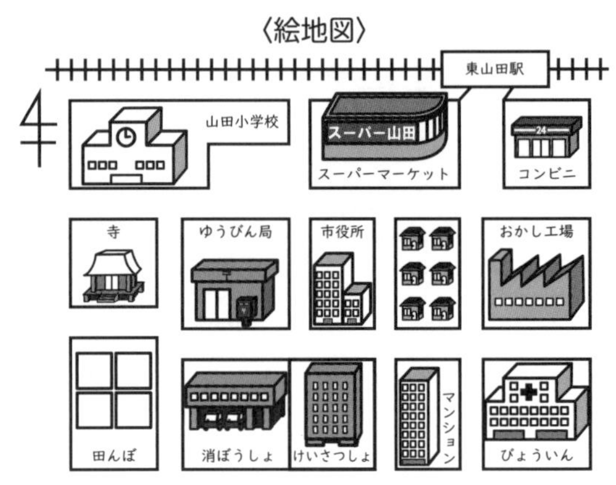

㋐
Ⓐ
東山田駅
①
文
スーパー山田
スーパーマーケット
24
コンビニ
㋑
②
③
④
⑤
㋒
⑥
⑦
⑧
マンション
⑨
㋓

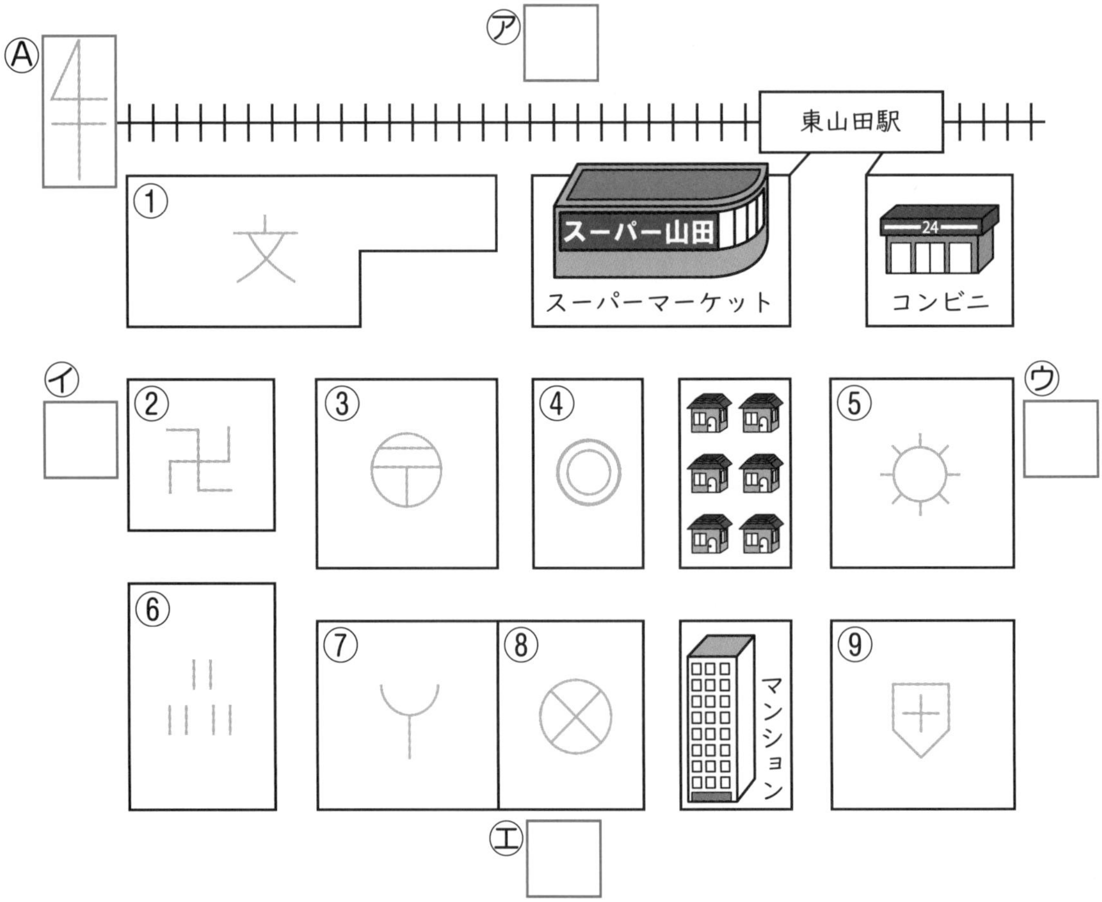

学びのディープポイント！　絵地図をかくときには、「目印」になる建物を考えることで、実際に使える地図になるよ。
　地図記号は、元の形が想像できると理解しやすくなるね。地図記号を自作してみて、友達にあててもらうのもいいね。

2 次の地図記号と意味のあうものを線で結びましょう。

① 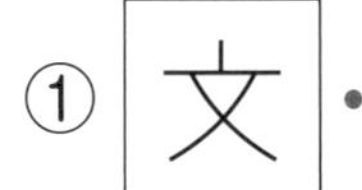 ・　　　・ ㋐ 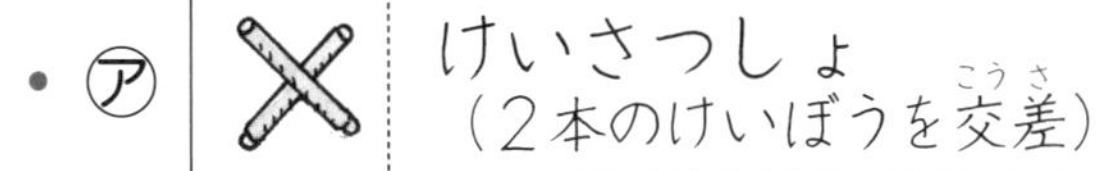 けいさつしょ（2本のけいぼう（こうさ）を交差）

② 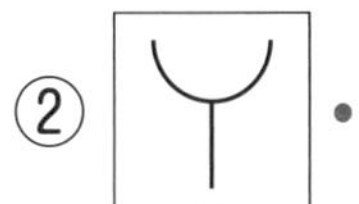 ・　　　・ ㋑ 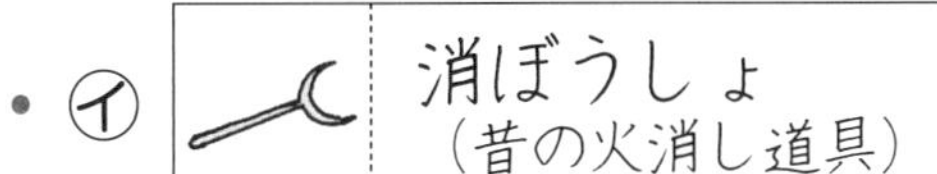 消ぼうしょ（昔の火消し道具）

③ 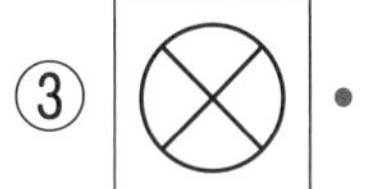 ・　　　・ ㋒ 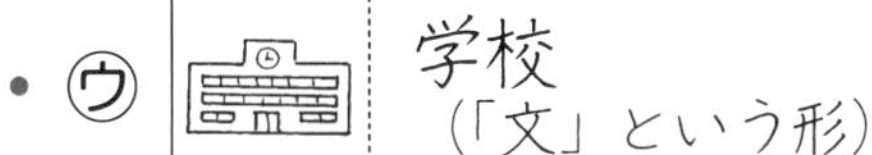 学校（「文」という形）

④ 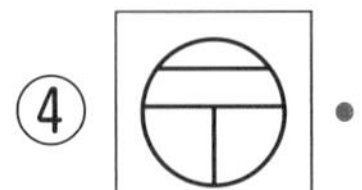 ・　　　・ ㋓ 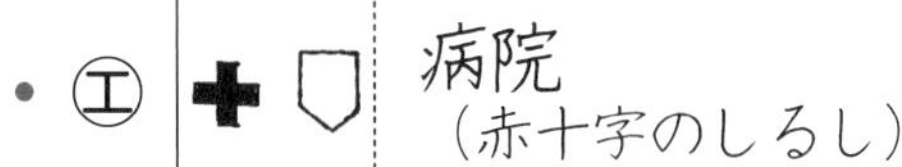 病院（赤十字のしるし）

⑤  ・　　　・ ㋔ 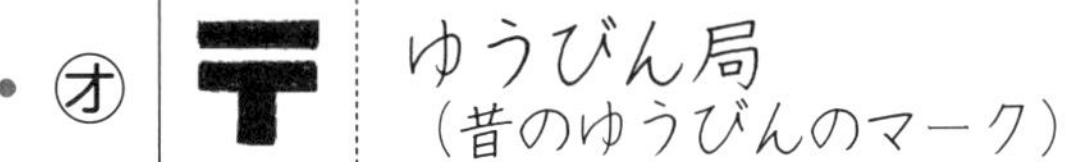 ゆうびん局（昔のゆうびんのマーク）

---

⑥ 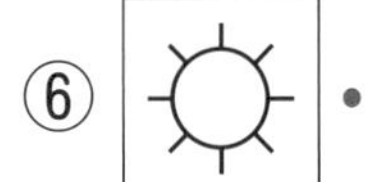 ・　　　・ ㋕ 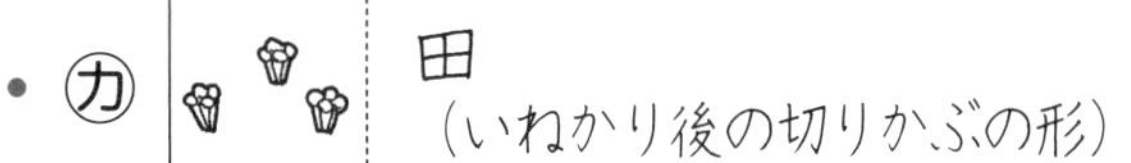 田（いねかり後の切りかぶの形）

⑦  ・　　　・ ㋖ 工場（工場の歯車の形）

⑧  ・　　　・ ㋗ 畑（タネから芽（め）を出した形）

⑨ 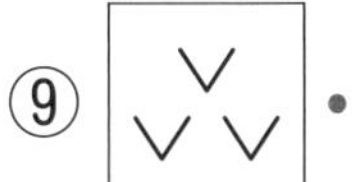 ・　　　・ ㋘ くだもの畑（くだものの形）

⑩ ・　　　・ ㋙ 神社（神社にある鳥居（とりい）の形）

絵地図から地図に

1 次の地図を見て、あとの問いに答えましょう。

(1) 地図中の地図記号は何を表していますか。㋐～㋖にあてはまる言葉(ことば)を、[　]から選(えら)んで答えましょう。

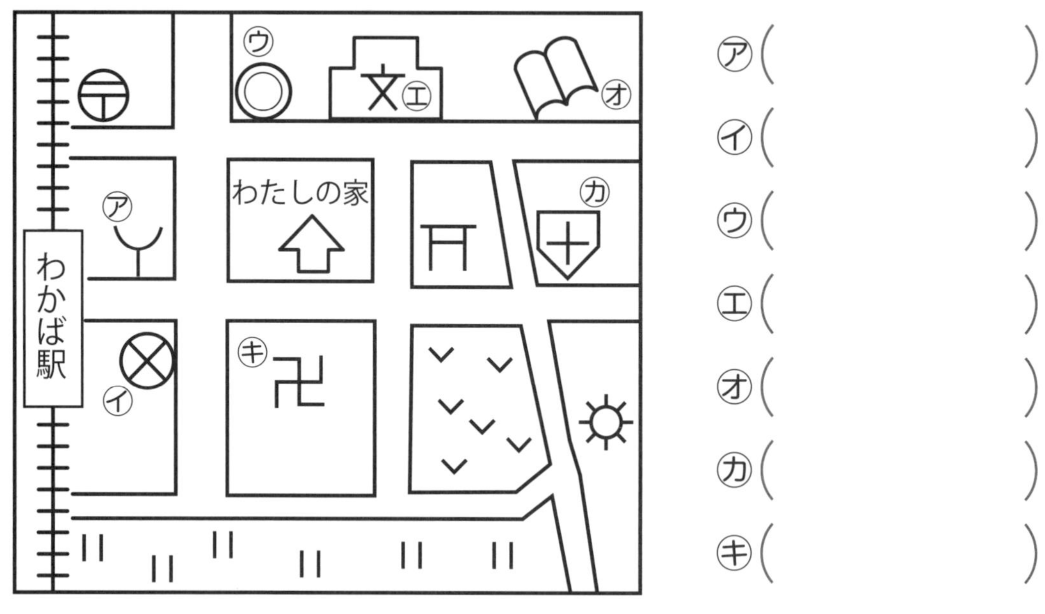

㋐（　　　　　　）
㋑（　　　　　　）
㋒（　　　　　　）
㋓（　　　　　　）
㋔（　　　　　　）
㋕（　　　　　　）
㋖（　　　　　　）

けいさつしょ　学校　消(しょう)ぼうしょ　市役所　寺　図書館　病院

(2) 次の文を読んで、あてはまる建物(たてもの)の名前を[　]から選び、地図記号は(1)の地図から選んで答えましょう。

① 駅の北側にあり、手紙や小づつみなどをあつかっている。（　　　　　　）□

② わたしの家の東側の道路(どうろ)をはさんだ向かいにある。（　　　　　　）□

③ 地図全体の南東側にあり、物をつくっている。（　　　　　　）□

工場　神社　ゆうびん局

学びのディープポイント! 地図の読み取りでは、どこの地点から見るかで、答える方角が変わるよ。たとえば、図書館は、さくら駅から行くと考えると南にありますが、さくら南駅から行くと考えると東にあるね。

2 次の地図を見て、あとの問いに答えましょう。

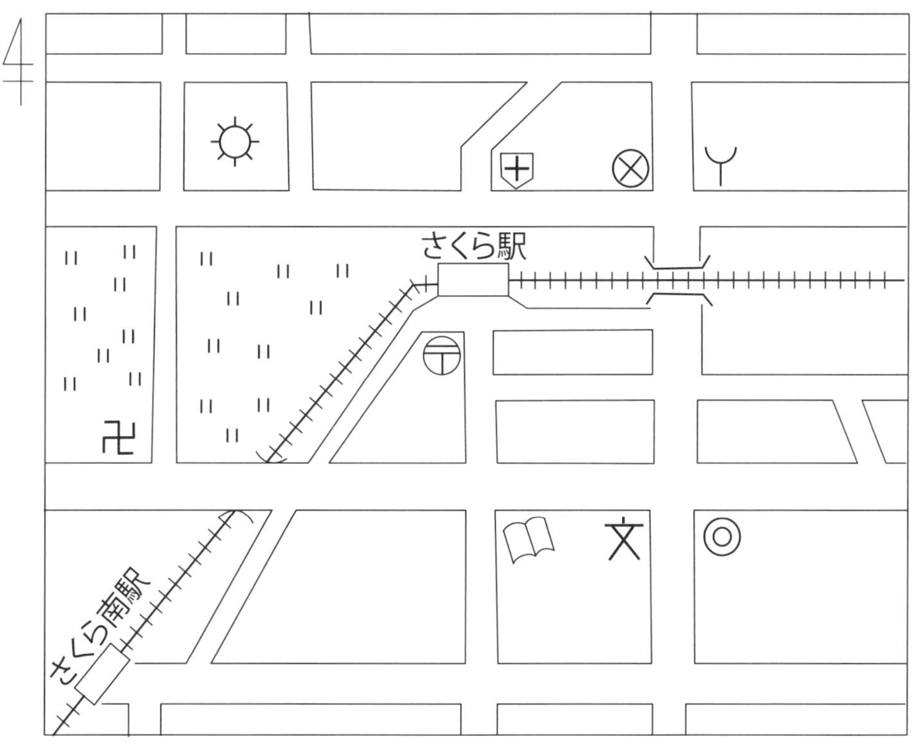

(1) ゆうびん局は、さくら駅のどの方角にありますか。

（　　　　　）

(2) さくら駅の北側にある、次の地図記号の建物は何ですか。

① ⊗（　　　　　）　② ＋（　　　　　）

(3) 学校のすぐ西側と東側にある建物を答えましょう。

㋐ 西側（　　　　　）　㋑ 東側（　　　　　）

(4) さくら駅の西側には、何が広がっていますか。

（　　　　　）

(5) さくら南駅は、さくら駅から見たらどの方角にありますか。

（　　　　　）

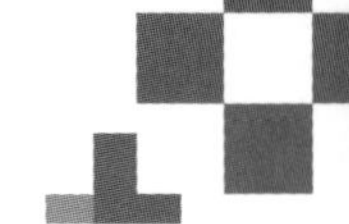

地図から読み取る市のようす

次の地図はA市のようすを表したものです。
あとの問いに答えましょう。

(1) 次の( )にあてはまる言葉(ことば)を[ ]から選(えら)んで答えましょう。

〈A市のようす〉

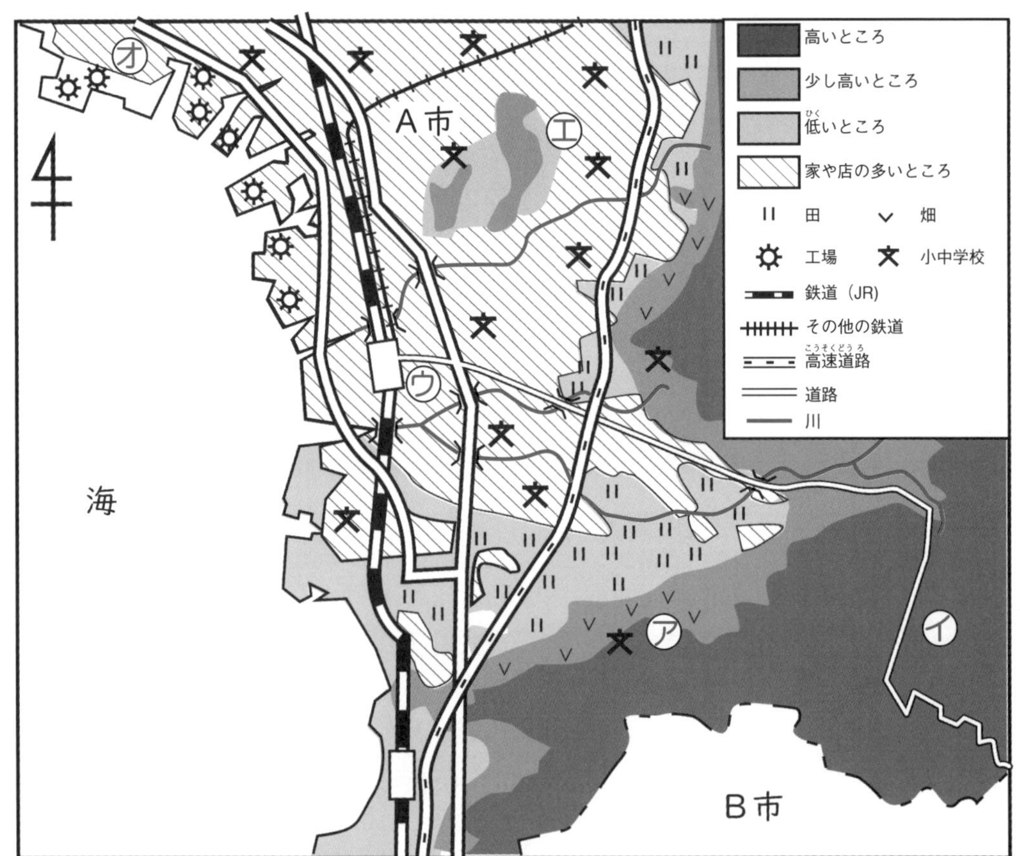

A市の土地のようすを見てみます。西部は(①　　　)が広がっていて、東から西にかけて流れている(②　　　)がそこに流れこんでいます。また、北部には(③　　　)がたくさん集まっていますが、南部には(④　　　)が多く、米や野菜(やさい)などがつくられています。

川	家や店	海	田や畑

学びのディープポイント! 地図を見ることで、その場所のようすを読み取って想像することができるよ。町は町でも、家が集まっているか、商店が集まっているか、駅前かどうかなどで、ようすが変わってくるね。

(2) 次の絵は、左の地図のどの地点ですか。地図中の㋐〜㋔から選んで記号で答えましょう。（２回使う記号があります）

① 山が多いところ

（　　　）

② 家が集まっているところ

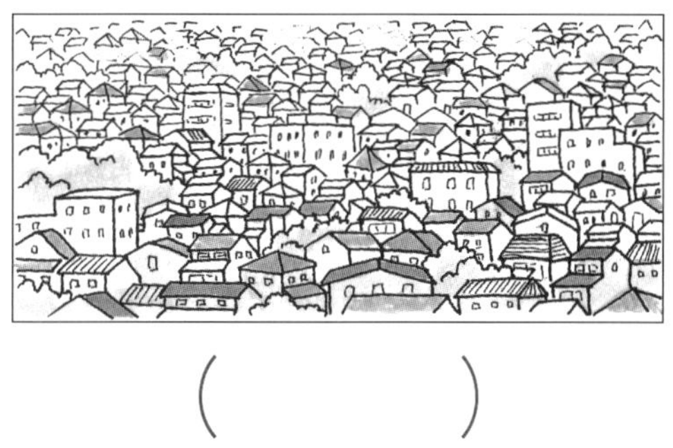

（　　　）

③ 工場が集まっているところ

（　　　）

④ 駅前の商店街(しょうてんがい)があるところ

（　　　）

⑤ 鉄道や道路が集まっているところ

（　　　）

⑥ 山の中に学校があるところ

（　　　）

地図の見方・作り方

1 次の八方位(はちほうい)の図にあてはまる方角を［　］に答えましょう。

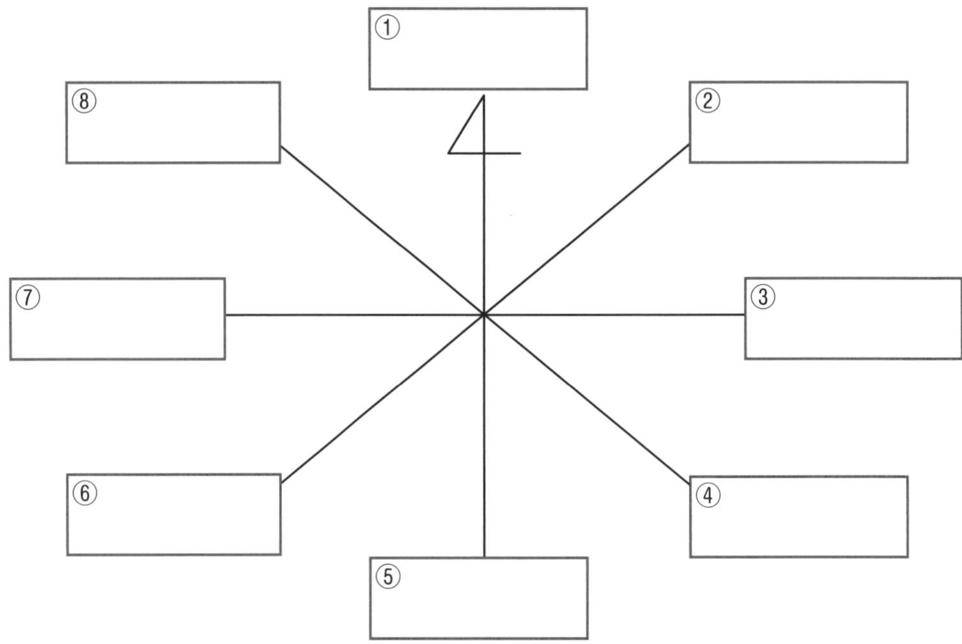

2 次の地図記号は、何を表していますか。
あてはまる言葉を［　］から選(えら)んで答えましょう。

	地図記号	名前		地図記号	名前
①	⊗		②	卍	
③	文		④		
⑤			⑥		
⑦			⑧		

学校　くだもの畑　神社　けいさつしょ
病院　田　工場　寺

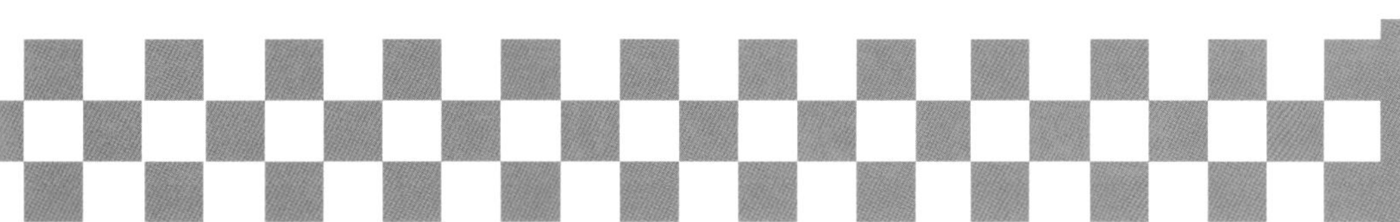

3 次の絵地図を見て、あとの問(と)いに答えましょう。

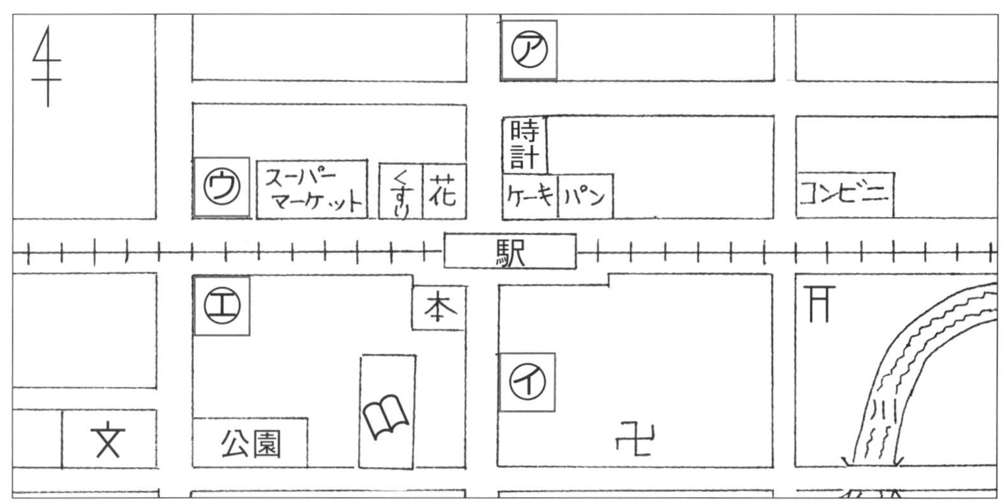

(1)　４人の話を聞いて、次の建物の位置(いち)を㋐～㋓で答えて、その地図記号も答えましょう。

ゆみさん　　：「スーパーのすぐ西にゆうびん局があるよ。」

たくしさん　：「工場は、ゆうびん局の南にあるんだ。」

ひろみさん　：「市役所は、寺の北西にあるよ。」

げんさん　　：「駅の北には、消ぼうしょがあるんだ。」

	建　物	位置	地図記号		建　物	位置	地図記号
①	ゆうびん局			②	工場		
③	市役所			④	消ぼうしょ		

(2)　地図には、図書館、寺、神社、学校があります。
西から東の順(じゅん)になるように答えましょう。

西（　　　　⇒　　　　⇒　　　　⇒　　　　）東

要点まとめ－②

地図の見方・作り方

1 次の地図を見て、あとの問いに答えましょう。

(1) 学校から見て、図書館はどの方角にありますか。（　　　　）

(2) くだもの畑に囲まれている建物と田に囲まれている建物は何ですか。

㋐ くだもの畑（　　　　）　㋑ 田（　　　　）

(3) 店が多いところは、駅の東出口と西出口のどちら側ですか。

（　　　　）

(4) 小学校の近くにある建物は、次の中のどれとどれですか。

けいさつしょ	消ぼうしょ	ゆうびん局	市役所

（　　　　）（　　　　）

(5) (4)の間の道を北に進むとある建物は何ですか。

（　　　　）

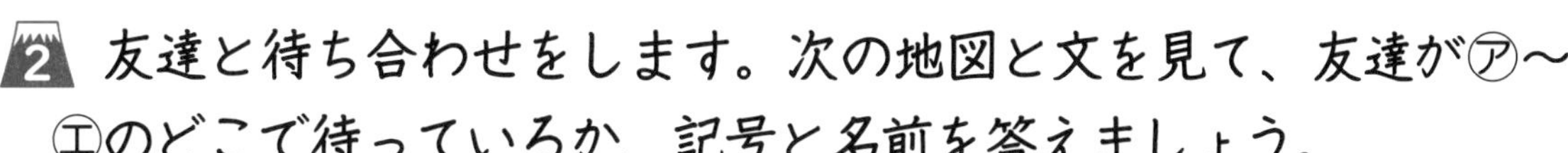

2 友達と待ち合わせをします。次の地図と文を見て、友達が㋐～㋓のどこで待っているか、記号と名前を答えましょう。

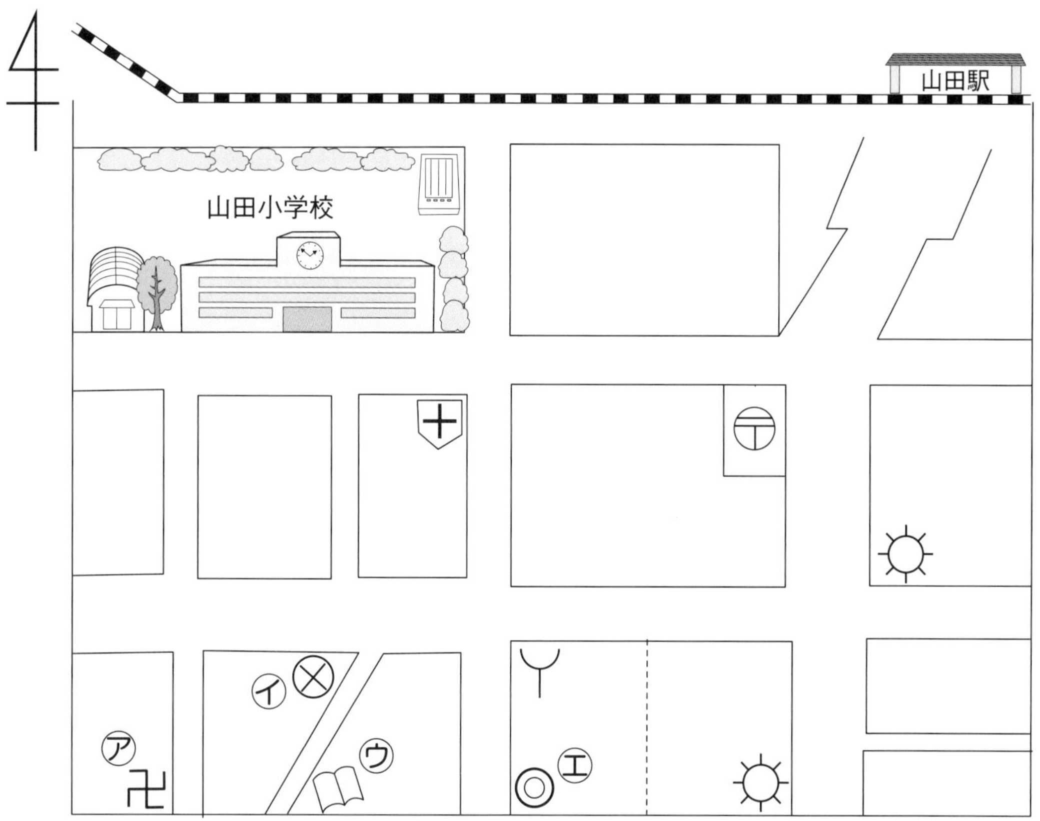

① 山田駅を出発します。

② 南西に進んで、交差点（こうさてん）に出ます。

③ ゆうびん局のある交差点を西へ進みます。

④ 病院のある交差点を南に進みます。

⑤ 消ぼうしょのある交差点を西に進みます。

⑥ 道のと中にある南西にのびた細い道を進みます。一番先にある建物の中で待っています。

記号 □　　建物の名前（　　　　　　）

② イメージマップ 地図のしゅくしゃく・等高線

次のうすく書かれた言葉をなぞりましょう。

《しゅくしゃく》

地図に表すときに、実際（じっさい）のきょりをどれだけちぢめたか表したわりあいを［しゅくしゃく］といいます。

5万分の1の地図

1：50000（たい）

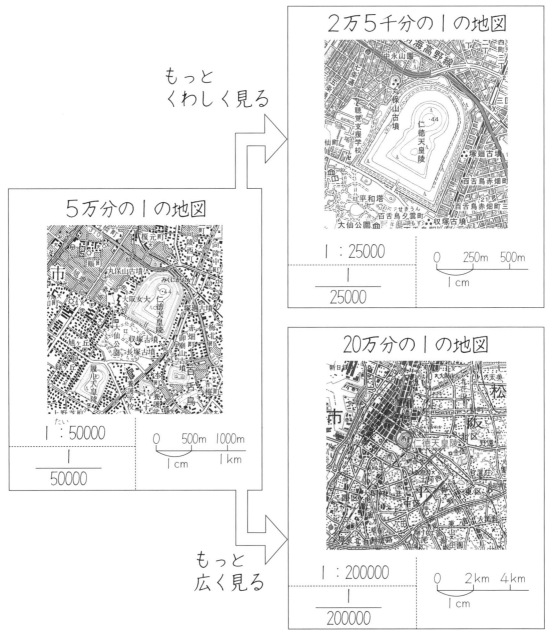

$\frac{1}{50000}$

0　500m　1000m
1cm　1km

もっと
くわしく見る

2万5千分の1の地図

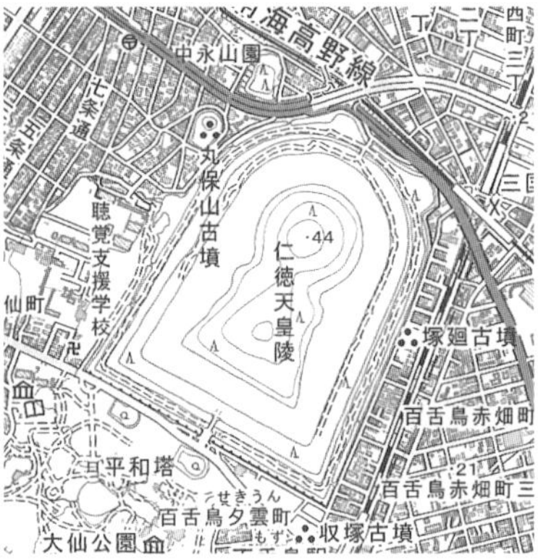

1：25000

$\frac{1}{25000}$

0　250m　500m
1cm

もっと
広く見る

20万分の1の地図

1：200000

$\frac{1}{200000}$

0　2km　4km
1cm

《等高線(とうこうせん)》

地図にその土地の海面からの高さを表すときに、同じ高さがわかるように線をつないで表した線を 等高線 といいます。

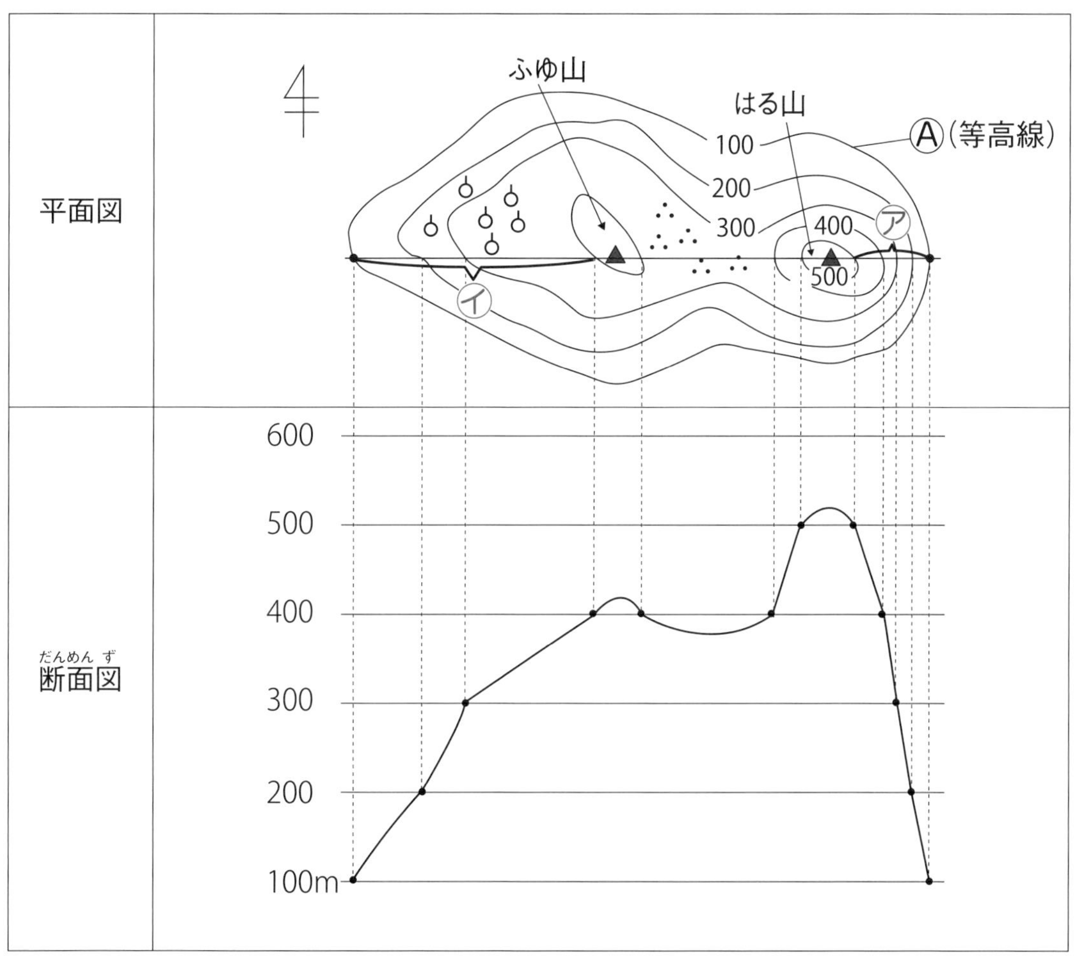

㋐…等高線の間かくがせまい → 急な しゃ面

㋑…等高線の間かくが広い → ゆるやかな しゃ面

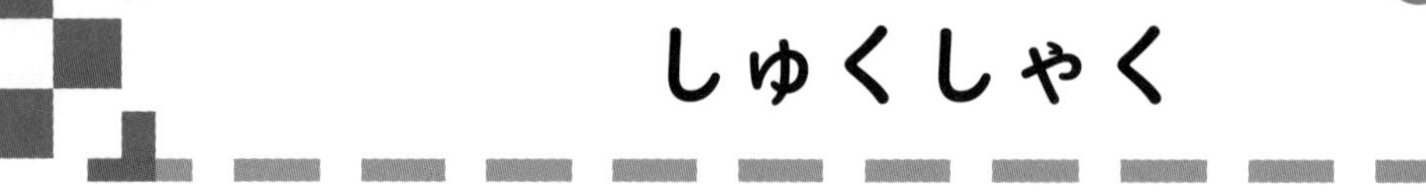

しゅくしゃく

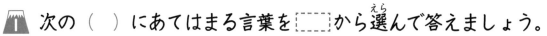

1 次の（　）にあてはまる言葉を[　　]から選(えら)んで答えましょう。

地図は、実際(じっさい)の（①　　　　）で道や土地を表すことはできません。そこで、地図では実際のきょりを（②　　　　）表しています。それが、どのくらい（②）いるかを表したわりあいを（③　　　　）といいます。（③）を使うと、地図上での長さから実際のきょりを求(もと)めることができます。

しゅくしゃく　　ちぢめて　　きょり

2 5万分の1の図を使って、実際のきょりを求めましょう。

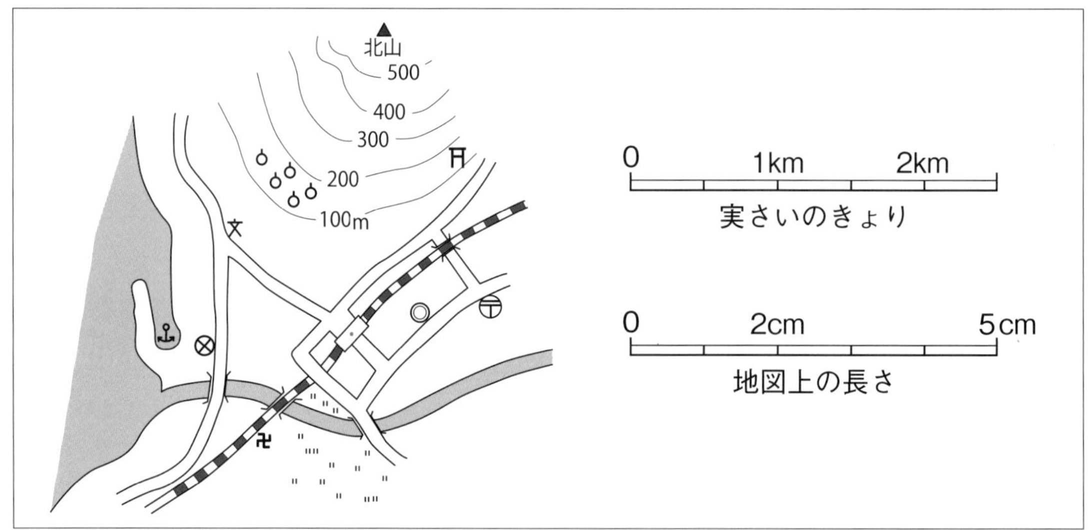

(1)　この地図のしゅくしゃくを見て、実際のきょりを表に答えましょう。

地図上の長さ	実際のきょり
1cm	
2cm	
3cm	

学びのディープポイント！ 地図では、本当のきょりで示すことはできないね。だから「しゅくしゃく」が大事になるんだよ。これが読み取れていないと、近いと思って向かった先が遠いなんてこともありえるね。

(2) 駅から学校までのきょり

㋐ 地図上での長さ 〔　　　〕cm

㋑ 実際のきょり（単位をそろえる）

〔㋐　　　〕cm×〔 50000 〕=〔　　　〕cm

=〔　　　〕m

=〔　　　〕km

(3) ゆうびん局からけいさつしょまでのきょり

㋐ 地図上での長さ 〔　　　〕cm

㋑ 実際のきょり（単位をそろえる）

〔㋐　　　〕cm×〔　　　〕=〔　　　〕cm

=〔　　　〕m

=〔　　　〕km

3 しゅくしゃくについて、あとの問いに答えましょう。

(1) 次の読み方を［　］から選んで（　）に答えましょう。

㋐ 5万分の1 （　　　　　　）

㋑ 1：50000 （　　　　　　）

［ごまんぶんのいち　いちたいごまん］

(2) $\frac{1}{50000}$ の読み方は、(1)の㋐と㋑のどちらですか。

（　　）

しゅくしゃく

1 次の（　）にあてはまる数字を答えましょう。

10km＝（①　　　　　）cmです。１cmが10kmの地図では、（②　　　　）分の１のしゅくしゃくの地図になります。

この地図で、大阪（おおさか）・神戸（こうべ）間が約（やく）３cmのとき、実際（じっさい）のきょりは、約（③　　　）kmということになります。

2 次の地図を見て、（　）にあてはまる言葉や数字を答えましょう。

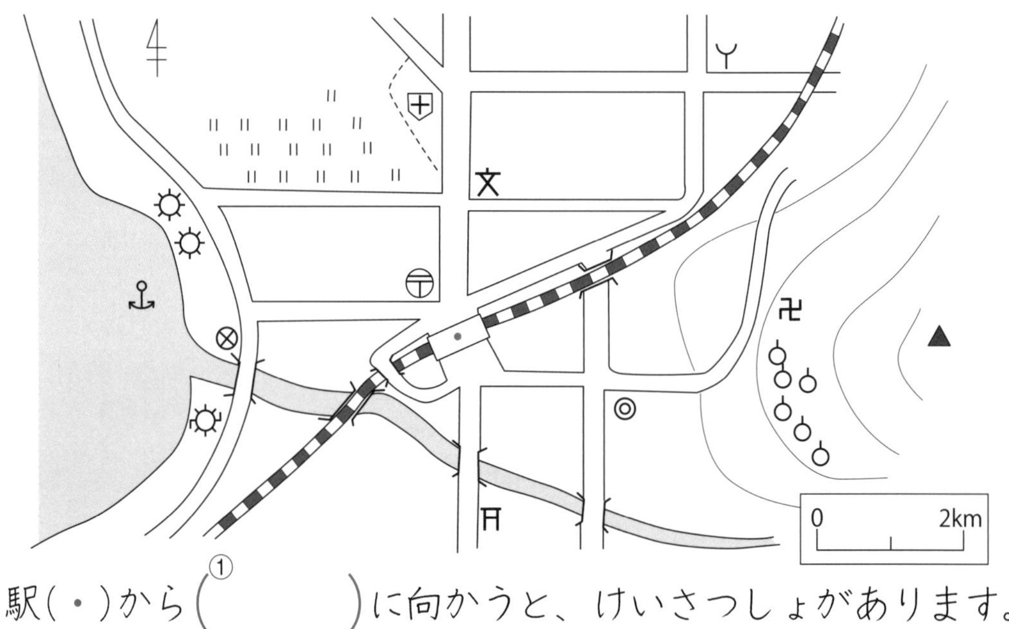

駅（・）から（①　　　）に向かうと、けいさつしょがあります。駅からのきょりは、地図上では約（②　　　）cmですから、この地図のしゅくしゃくでは実際のきょりは約３kmです。

今度は、駅から（③　　　）に行くと川があり、橋をわたると（④　　　）があります。地図上では約（⑤　　　）cmですから、実際のきょりは約（⑥　　　　）です。

学びのディープポイント！ しゅくしゃくの考え方をつかうことで、きょりだけでなく、その建物の大きさであったり、町や山などの大きさを知ることができるね。しゅくしゃくによって地図の細かさも変わるよ。

3 しゅくしゃくによって、地図の表し方が変(か)わります。Ⓐと Ⓑの地図を見て、あとの問いに答えましょう。

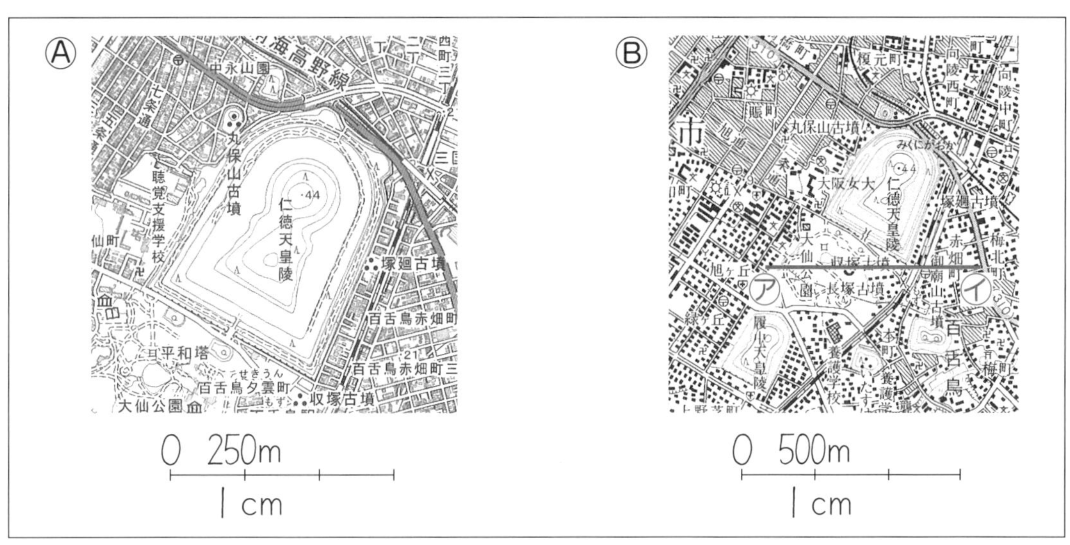

(1) Ⓐと Ⓑの地図は、それぞれ「２万５千分の１」と「５万分の１」のどちらですか。

Ⓐ（　　　　　　　　）　Ⓑ（　　　　　　　　）

(2) Ⓐと Ⓑの地図での１cmは、実際のきょりでは何mですか。

Ⓐ〔　　　　　　　　〕m　Ⓑ〔　　　　　　　　〕m

(3) Ⓑの地図で、㋐ー㋑間の長さが３cmです。実際のきょりは、何mですか。

〔　　　　　　　　〕m

(4) 町のようすをよりくわしく表しているのはどちらですか。

〔　　　〕

等高線

1 次の図を見て、(　)にあてはまる言葉を[　]から選(えら)んで答えましょう。

(1) 海面からの高さが同じところを結(むす)んだ線を何といいますか。(　　　　)

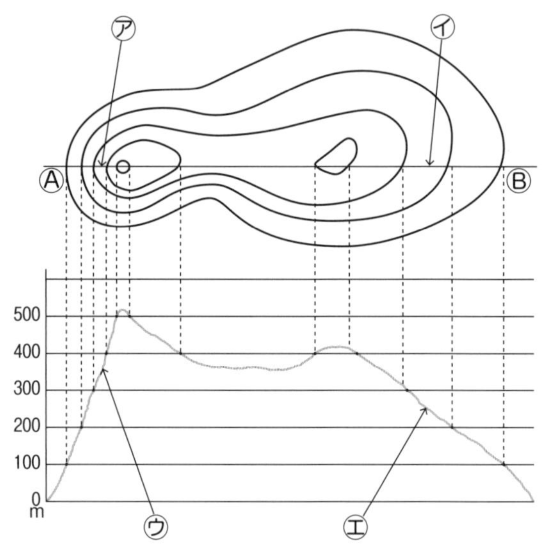

(2) 図中のア～エの場所について答えましょう。

アの場所は線と線の間が(①　　　)ので、ウのようにかたむきが(②　　　)です。

イの場所は線と線の間が(③　　　)ので、エのようにかたむきが(④　　　)です。

広い	せまい	急
ゆるやか	等高線(とうこうせん)	

2 次の図は、ある土地のようすを上から見た図です。AとBの線で切り取った面を横から見た図は、ア～ウの中のどれですか。

(　　)

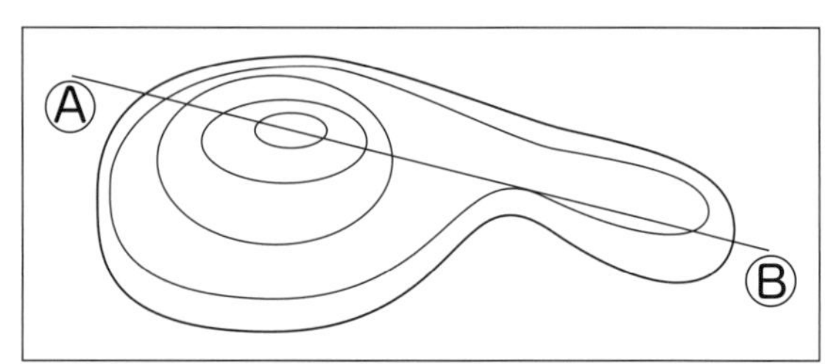

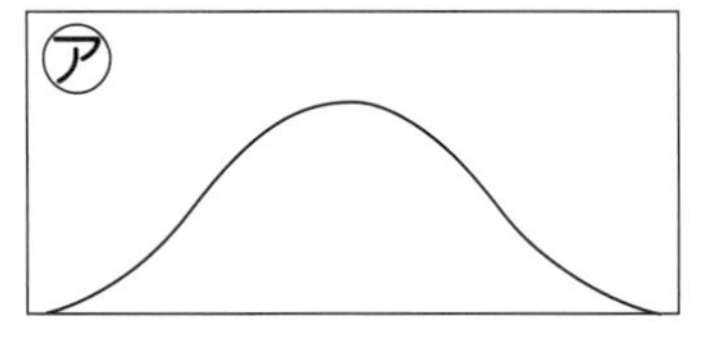

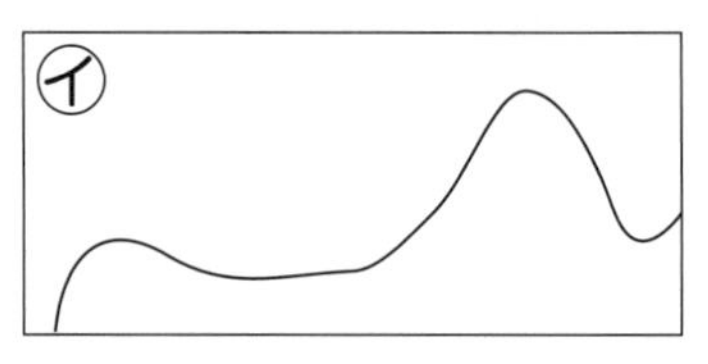

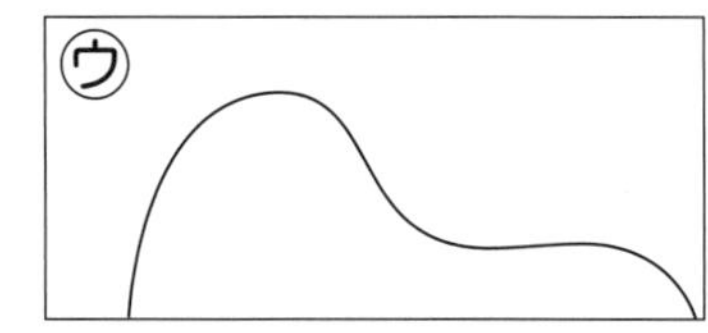

学びのディープポイント! 等高線は、その土地が海面の高さから考えて、どのくらいの高さにあるかがわかるよ。山の高さを地図に表すときによく使われるね。この線をむすぶことで、その山のだいたいの形を断面図としてかくこともできるんだ。

3 次の図から、あとの問いに答えましょう。

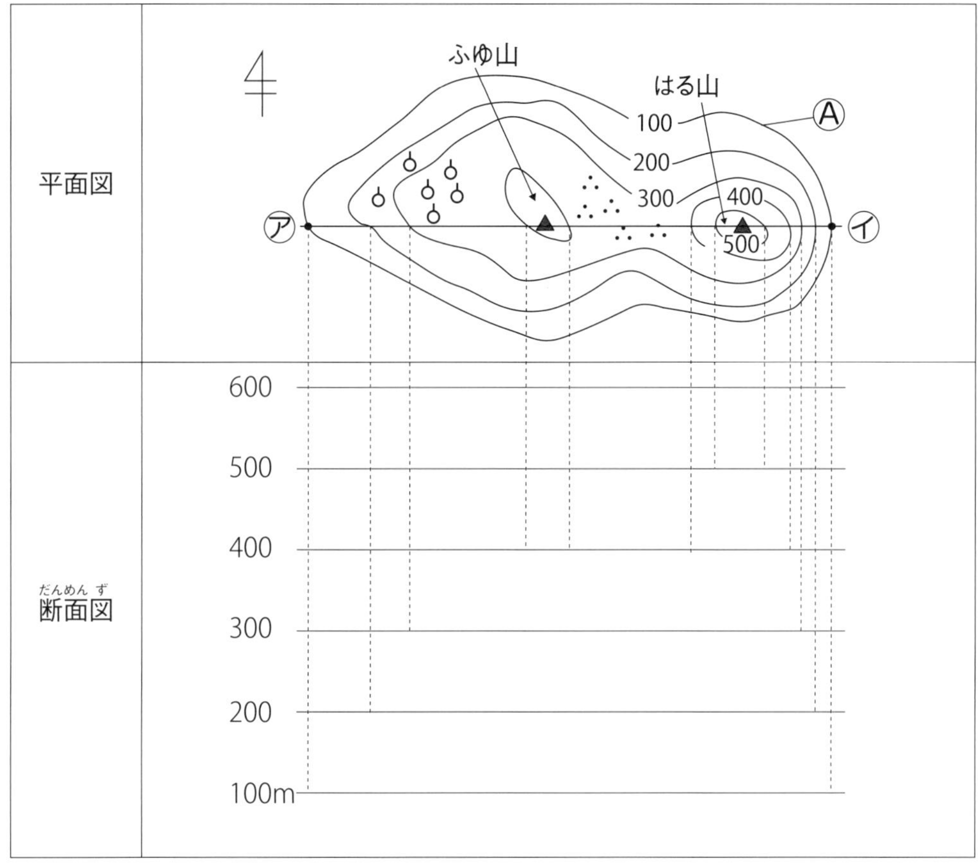

(1) 次の平面図にかかれた等高線から断面図をかきましょう。

(2) 図からわかることを答えましょう。

① はる山とふゆ山、どちらの方が高いですか。(　　　　)

② はる山とふゆ山、どちらの方がしゃ面がゆるやかですか。

(　　　　)

③ ふゆ山の東と西ではどちら側(がわ)にくだもの畑がありますか。

(　　　　)

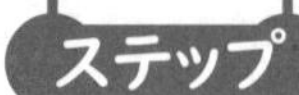

等高線

次の図を見て、あとの問いに答えましょう。

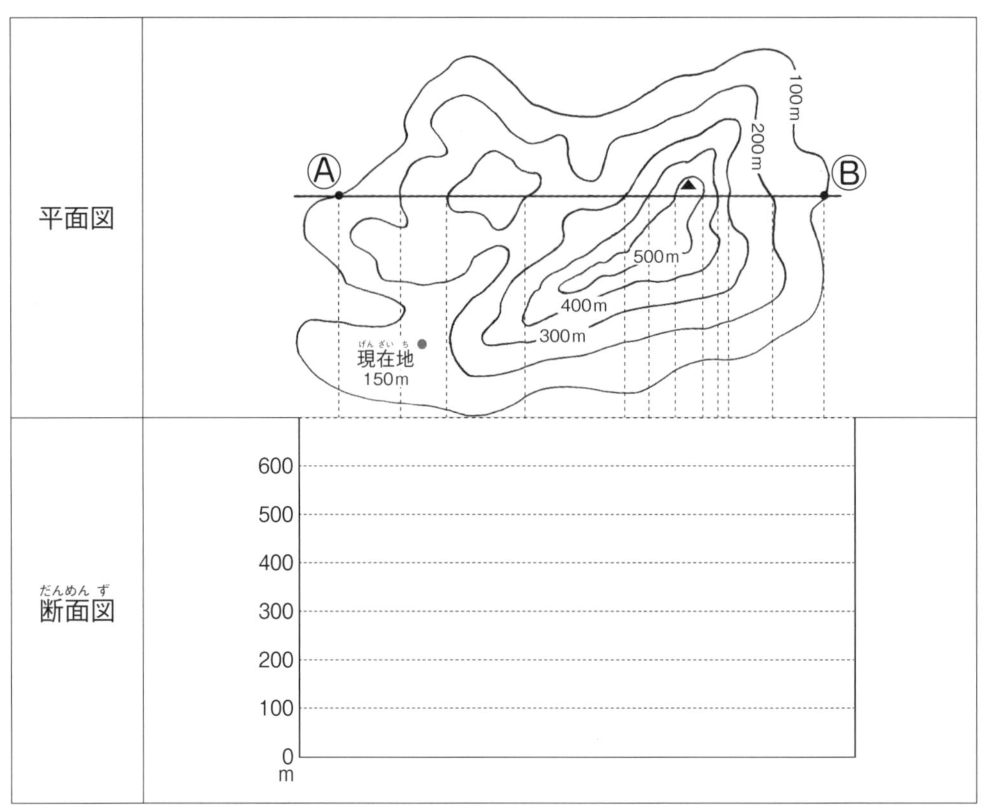

① 平面図からⒶとⒷを結ぶ線の断面図をかきましょう。

② この地図では、等高線は、何mおきに引かれていますか。

（　　　　　）m

③ 山のしゃ面が急になっているところの等高線の間かくは、どうなっていますか。

間かくが（　　　　　）なっている。

④ 現在地とちょう上の高さでは、約何mの差がありますか。

約（　　　　　）m

学びのディープポイント！ 地図上に等高線があることで、高さだけでなく、急なしゃ面か、ゆるやかなしゃ面かなどもわかるので、登山のしかたなども考えられるよ。山に行く前には地図を見てみるとより楽しめるね。

学習日 ／

2 次の図を見て、あとの問いに答えましょう。

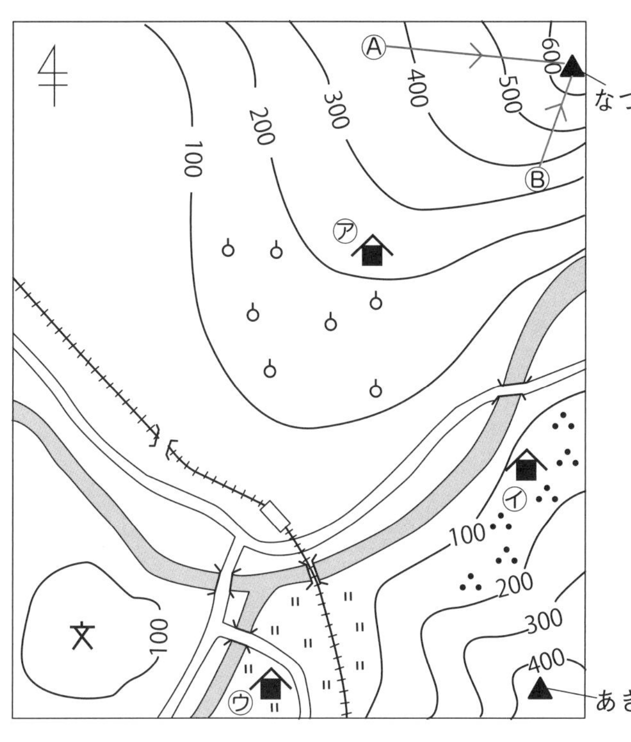

(1) なつ山とあき山のちょう上は、約何m以上ありますか。

① なつ山

約(　　　　)m

② あき山

約(　　　　)m

(2) 学校と同じ高さにある家は、㋐～㋒のどの家ですか。

(　　)

(3) ㋐～㋒の家の近くの土地は何に利用されていますか。[　　]から選んで答えましょう。

㋐(　　　　)　㋑(　　　　)　㋒(　　　　)

茶畑　　田　　くだもの畑

(4) ㋐～㋒で、一番低いところは、どこですか。(　　)

(5) なつ山をなるべくゆるやかに登ろうとするとき、ⒶとⒷのどちらのコースを選ぶとよいですか。(　　)

地図のしゅくしゃく・等高線

1 次の地図を見て、あとの問いに答えましょう。

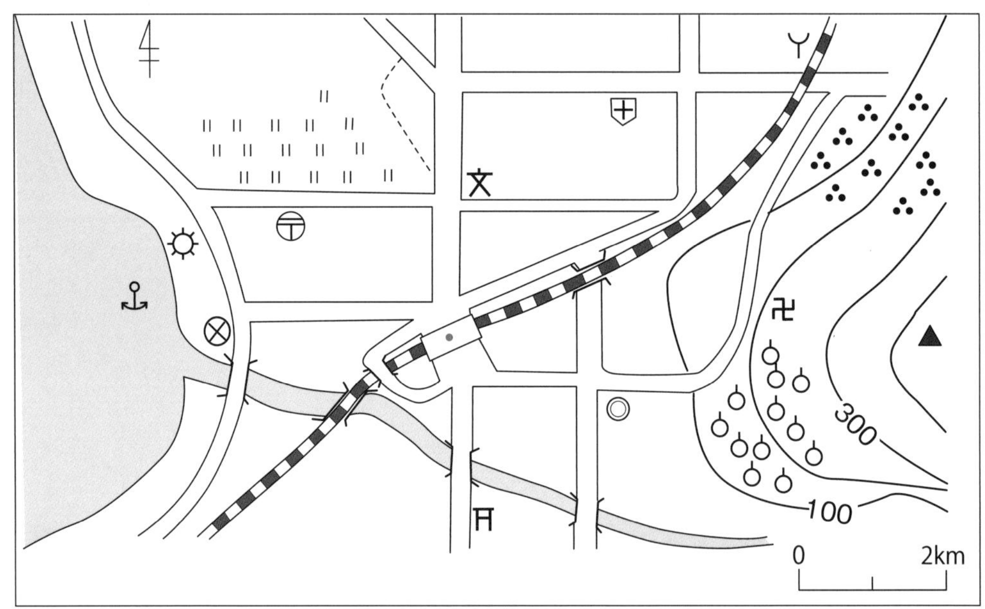

(1) 表の現在地から見た指定の場所の方角（八方位）と、そこまでの実際のきょりをおよそで求めましょう。

	現在地	指定の場所	方角	実際のきょり
①	学校	病院		約
②	駅	けいさつしょ		約
③	市役所	ゆうびん局		約
④	工場	神社		約

(2) 次の高さの土地は何に利用されていますか。

① 0～100m（　　　　　　）

② 0～300m（　　　　　　）

③ 100～300m（　　　　　　）

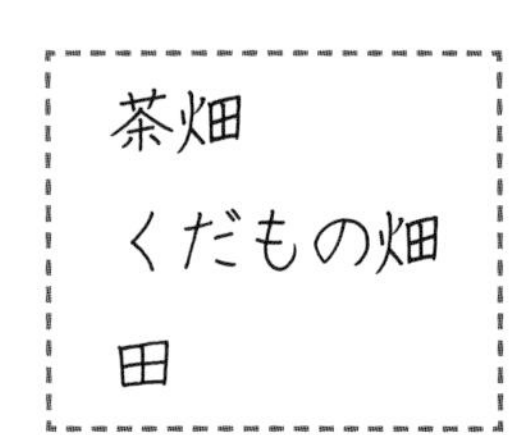

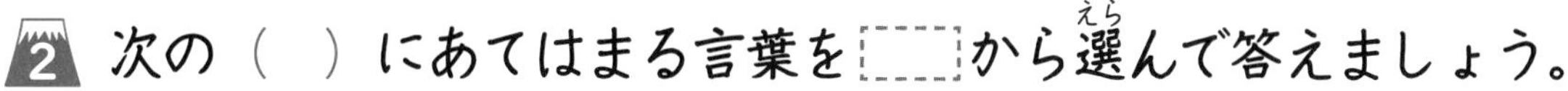

2 次の（　）にあてはまる言葉を［　　］から選(えら)んで答えましょう。

地図には、海面から測(はか)った土地の高さが同じところを示(しめ)すための線、（①　　　　）が引かれています。（①）の数字を見ることで、土地の（②　　　　）がわかります。また、線の間がせまくなっているところは（③　　　　）で、広いところは（④　　　　）になっていることもよくわかります。

［ 等高線(とうこうせん)　ゆるやか　高低(こうてい)　急 ］

3 次の地図を見て、あとの問いに答えましょう。

(1) 神社と寺のある場所は、約何mの高さですか。

神社　約（　　　　）m

寺　約（　　　　）m

(2) ロープウェイとケーブルカーの始点と終点の高低差(こうていさ)はそれぞれ約何mですか。

ロープウェイ　約（　　　　）m

ケーブルカー　約（　　　　）m

(3) 図のⒶ－Ⓑの断面図(だんめんず)は、㋐～㋒のどれですか。（　　　　）

㋐
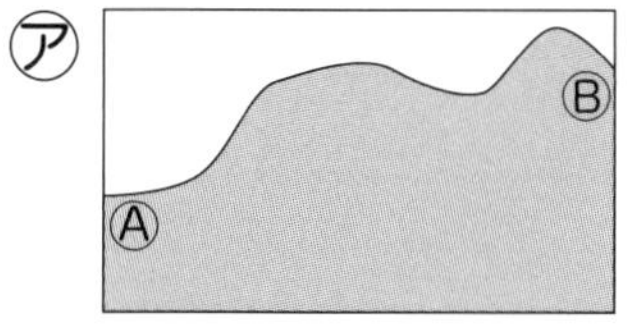

㋑
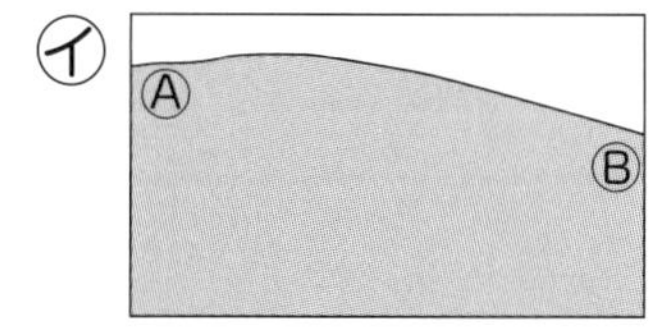

㋒
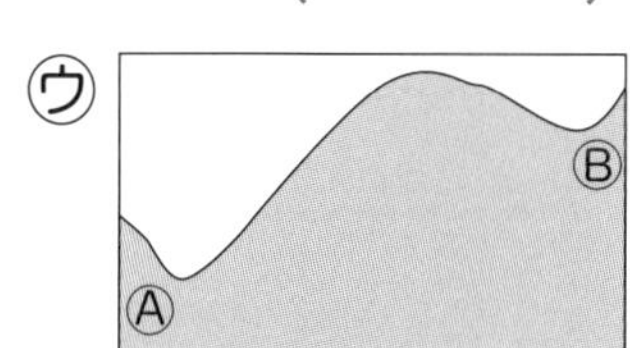

ジャンプ

地図のしゅくしゃく・等高線

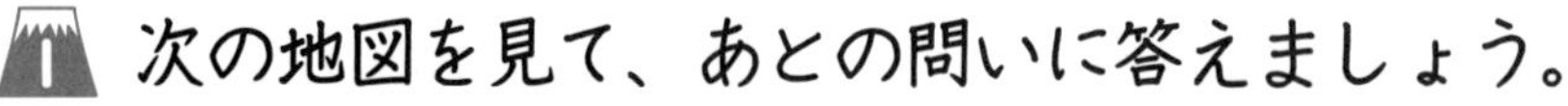

1 次の地図を見て、あとの問いに答えましょう。

Ⓐ
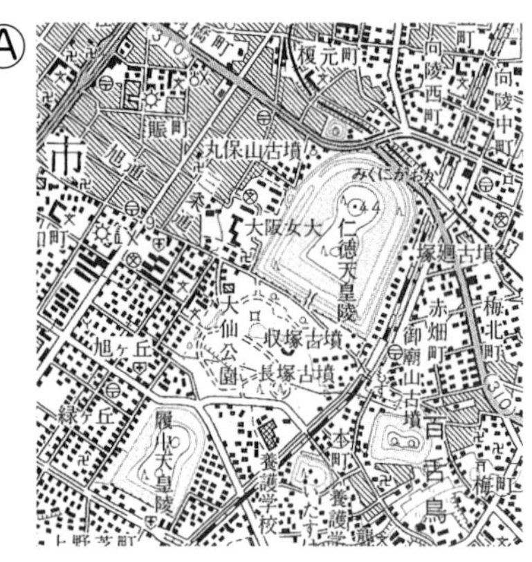

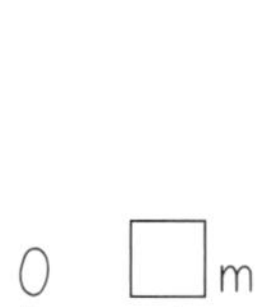

5万分の1の地図

Ⓑ
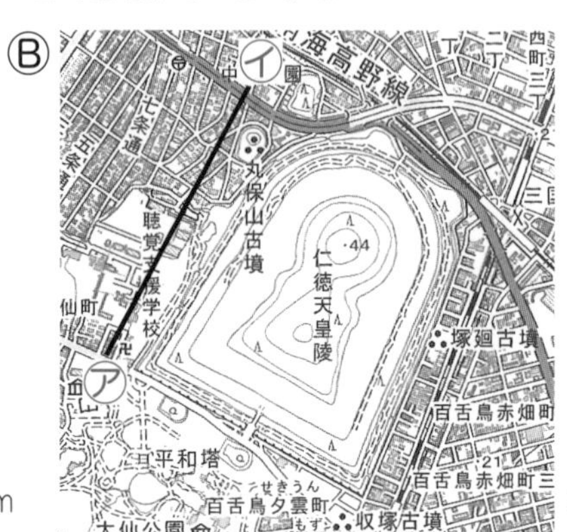

2万5千分の1の地図

(1) この地図上での1cmの実際(じっさい)のきょりを求(もと)めましょう。

Ⓐ(　　　　　)m　Ⓑ(　　　　　)m

(2) Ⓑの㋐ー㋑間は3cmです。実さいのきょりは何mですか

(　　　　　)m

(3) Ⓒの地図は、1cmが2000mです。何分の1の地図ですか。

(　　　　　)分の1

(4) Ⓐ～Ⓒの地図で、地いきのようすをよりくわしく表しているのは、どれですか。

(　　)

Ⓒ
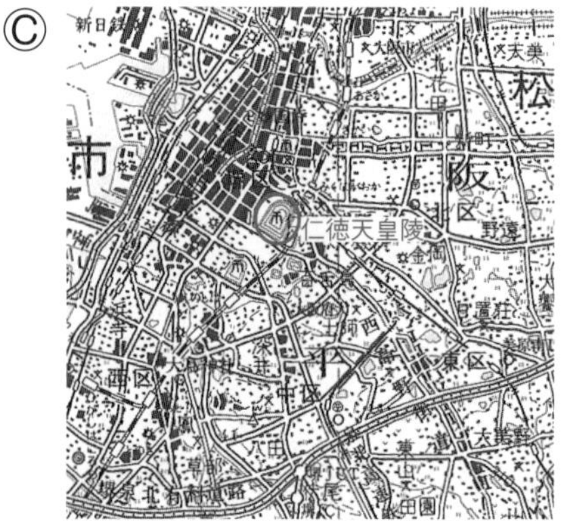

2 次の平面図を使って、あとの問いに答えましょう。

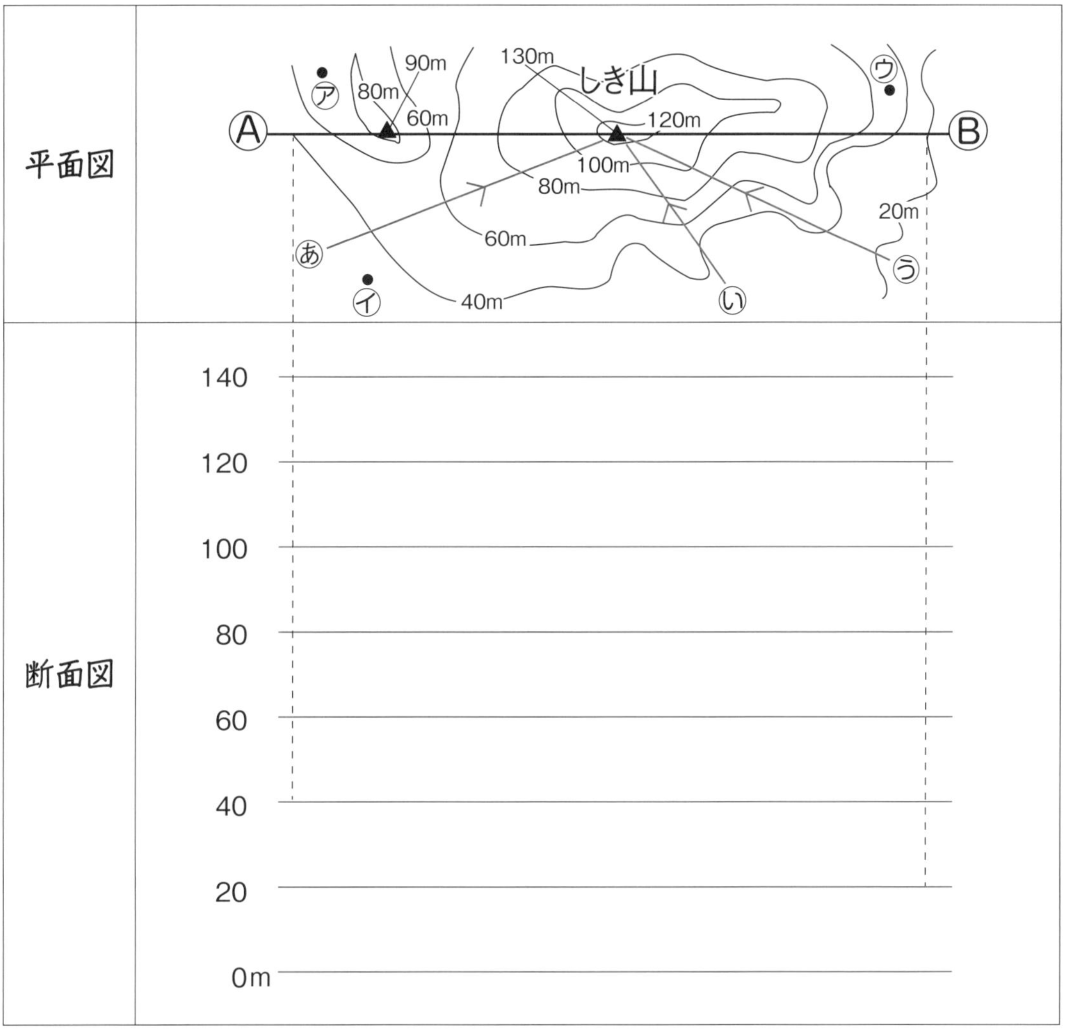

① 次の平面図から断面図をかきましょう。

② ア〜ウの地点で一番高いのはどこですか。そこは約(やく)何mの高さですか。

〔　　〕 約（　　　　）mぐらい

③ しき山に登るとき、あ〜うの中でどのコースが一番険(けわ)しい道を登ることになりますか。

（　　　）

③ イメージマップ 世界から見た日本の位置と領土・領海

次のうすく書かれた言葉をなぞりましょう。

《六大陸(ろくたいりく)と三大洋》

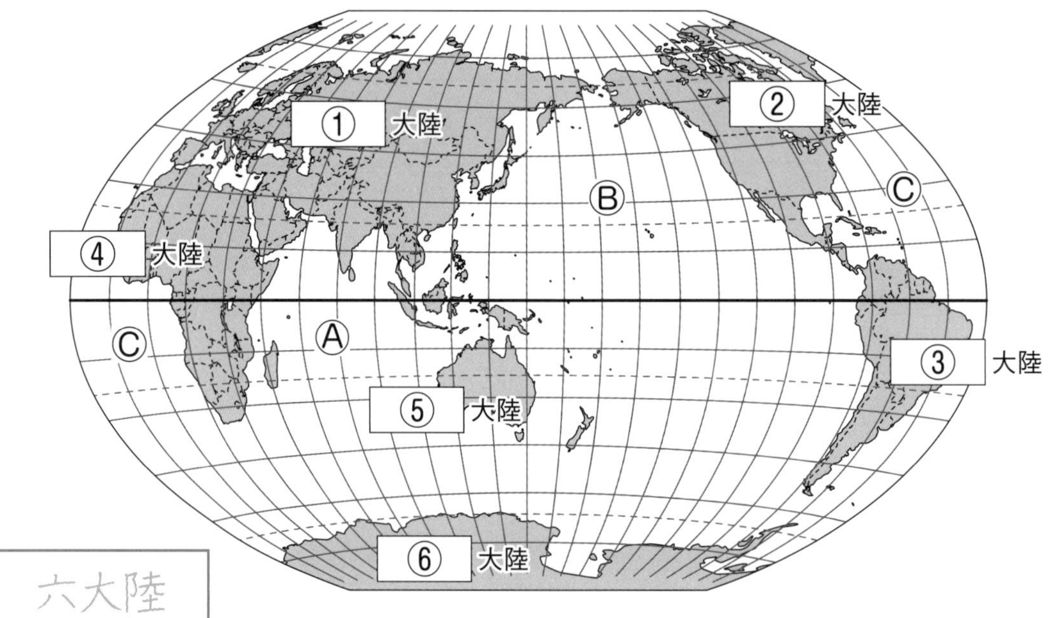

六大陸

①	ユーラシア　大陸	②	北アメリカ　大陸
③	南アメリカ　大陸	④	アフリカ　大陸
⑤	オーストラリア　大陸	⑥	南極(なんきょく)　大陸

三大洋

Ⓐ	インド洋
Ⓑ	太平洋
Ⓒ	大西洋

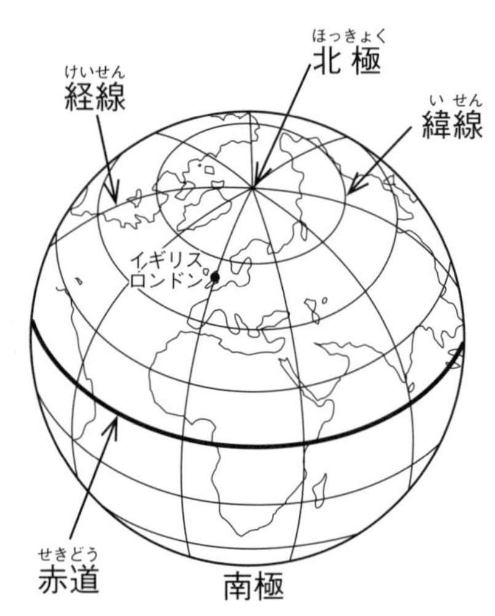

《日本とまわりにある国々》

★周辺の国々

㋐	ロシア連邦
㋑	中華人民共和国
㋒	朝鮮民主主義人民共和国
㋔	大韓民国

★周辺の海

Ⓐ	オホーツク海
Ⓑ	日本海
Ⓒ	東シナ海
Ⓓ	太平洋

世界の中の日本

1 次の地図を見て、六大陸(ろくたいりく)と三大洋の名前を[ ]から選(えら)んで答えましょう。

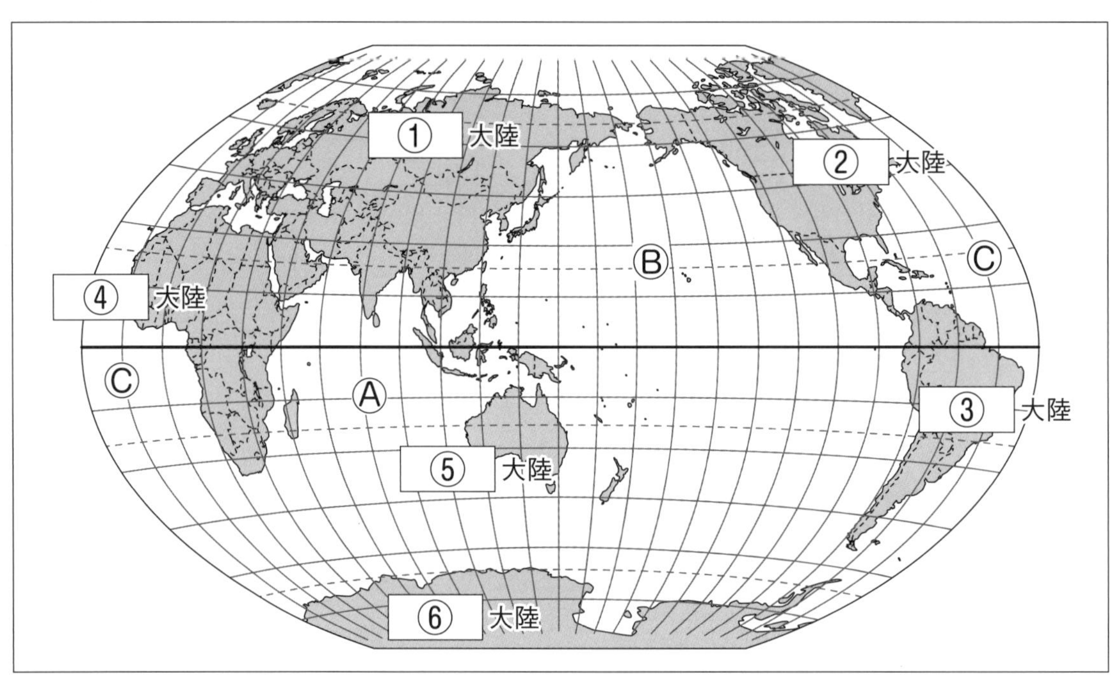

〈六大陸〉

①	大陸	②	大陸
③	大陸	④	大陸
⑤	大陸	⑥	大陸

ユーラシア　オーストラリア　南極(なんきょく)
北アメリカ　南アメリカ　アフリカ

〈三大洋〉

Ⓐ		Ⓑ		Ⓒ	

太平洋　インド洋　大西洋

学びのディープポイント！ 世界には、190ほどの国があって、その中のユーラシア大陸の東側にある小さな島国が日本なんだ。世界地図は、地球が球体なので、正しい大きさを表せないけど、使い道によって地図の種類を選べるようにしようね。

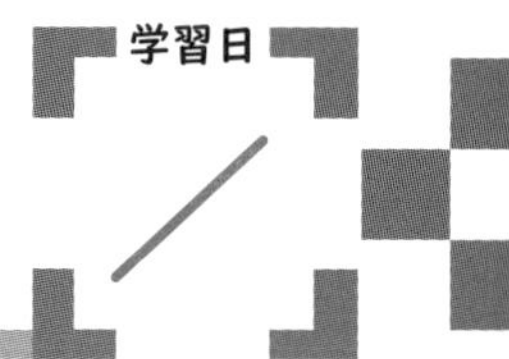

2 次の地球図を見て、①～⑤の名前を［　］から選んで答えましょう。

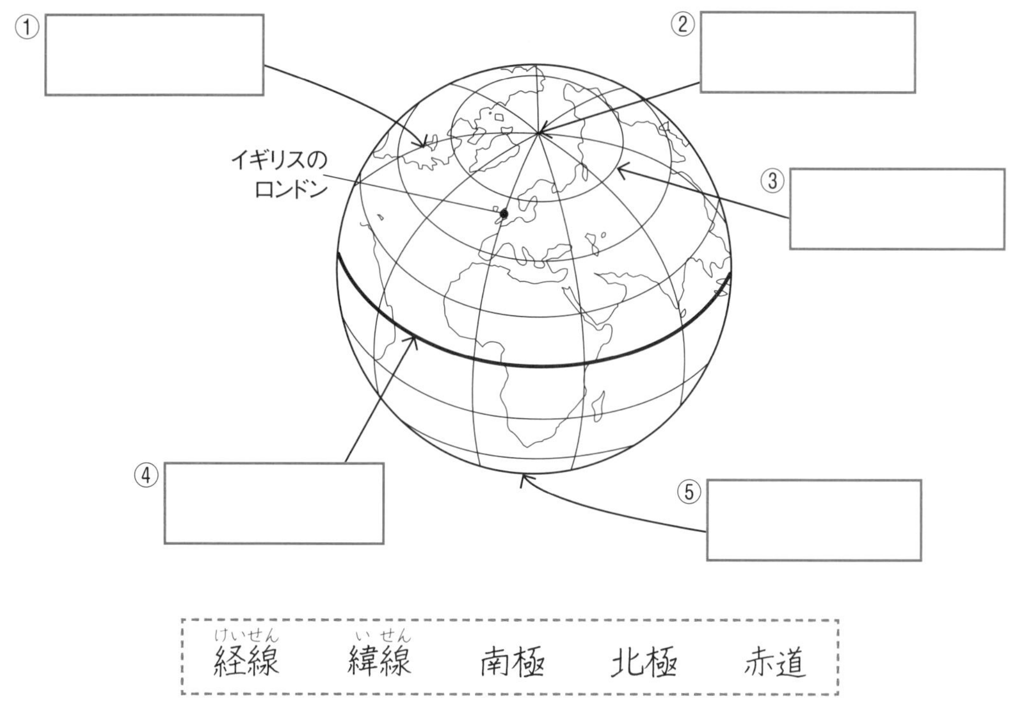

経線（けいせん）　緯線（いせん）　南極　北極　赤道

3 次の言葉にあてはまる説明を㋐～㋓から選んで答えましょう。

① 経　度〔　　〕　② 緯　度〔　　〕

③ 赤　道〔　　〕　④ 北半球〔　　〕

㋐ 南極と北極から真ん中にある地点を結んだ、緯度が0度の線。

㋑ 赤道を0度として、南北に90度ずつに分けた数字。

㋒ 赤道より北の緯度にあるところ。

㋓ イギリスのロンドンにある天文台を通る線を0度として、東西に180度ずつに分けた数字。

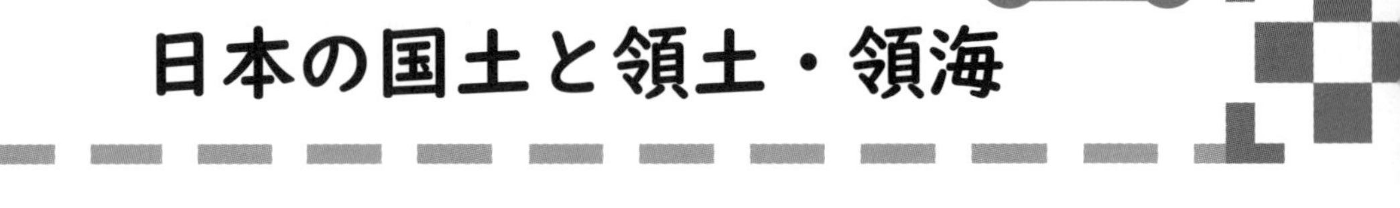

ステップ

日本の国土と領土・領海

1 次の地図を見て、あとの問いに答えましょう。

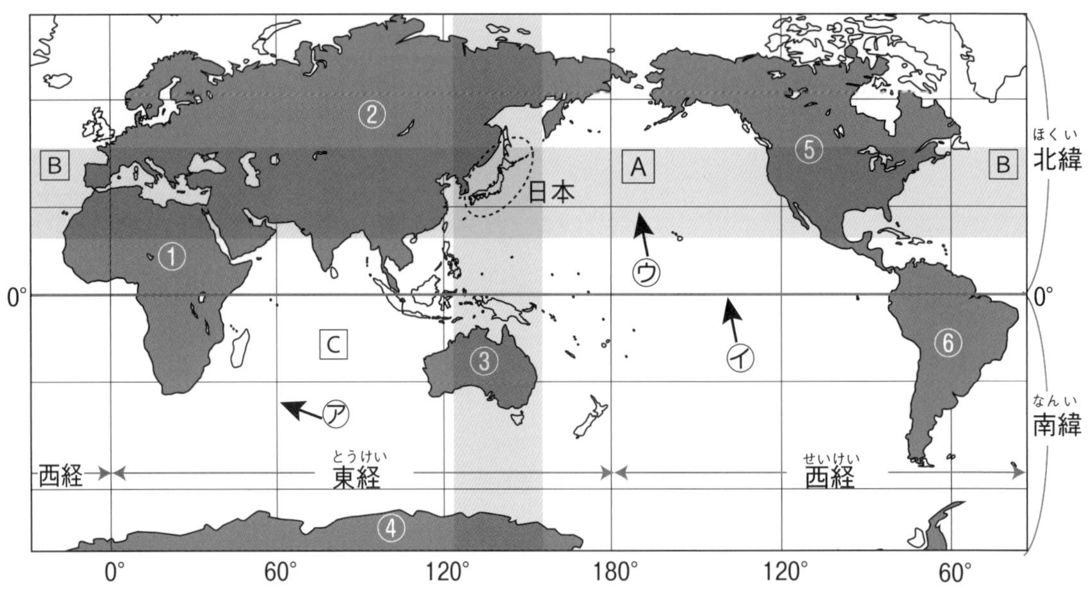

(1)　日本は、何大陸のはしの近くにありますか。

（　　　　　　　　）大陸

(2)　緯度0度で北半球と南半球にわける線㋑を何といいますか。

（　　　　　　）

(3)　日本は、それぞれどちらの位置にありますか。正しい方に○をつけましょう。

㋐（北緯・南緯）　㋑（東経・西経）

(4)　日本と同じ経度にある南の大陸は、南極大陸以外でどこですか。

（　　　　　　　　）大陸

(5)　日本と同じ緯度にないのは、(4)の答え以外では何大陸ですか。

（　　　　　　　　）大陸、（　　　　　　　　）大陸

学びのディープポイント！ 日本は、領土の小さい島国ですが、領海をふくめるとかなり範囲が大きいんだ。そのときに大きな役目をしているのが沖ノ鳥島や南鳥島だよ。特に沖ノ鳥島は、岸がけずられないように国が守っているよ。

2 次の地図を見て、あとの問いに答えましょう。

①
②
③
④

Ⓐ　　Ⓑ
Ⓒ　　Ⓓ

(1) □にあてはまる言葉を⬚から選(えら)んで答えましょう。

与那国島(よなぐにじま)　択捉島(えとろふとう)　南鳥島(みなみとりしま)　沖ノ鳥島(おきのとりしま)　大韓民国(だいかんみんこく)
中華人民共和国(ちゅうかじんみんきょうわこく)　ロシア連邦(れんぽう)　朝鮮民主主義人民共和国(ちょうせんみんしゅしゅぎじんみんきょうわこく)

(2) Ⓓをふくむ４つの島や群島(ぐんとう)は、日本固有(こゆう)の領土(りょうど)です。
　この島々の名前と、この島に関係している国に○をつけましょう。

名前（ 尖閣諸島(せんかくしょとう) ・ 北方領土(ほっぽうりょうど) ）

占領国（ ロシア連邦・中華人民共和国 ）

(3) 日本のまわりにある㋐～㋒の海の名前を答えましょう。

㋐　　㋑　　㋒

東シナ海　オホーツク海　日本海

要点まとめ－⑤

ジャンプ

世界から見た日本の位置と領土・領海

次の地図を見て、あとの問いに答えましょう。

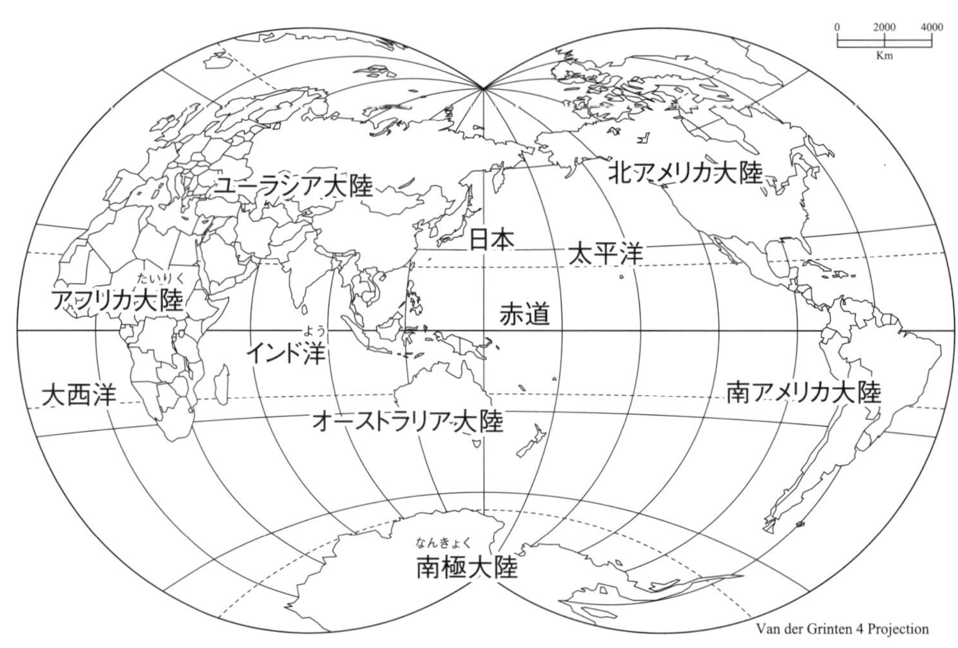

(1) 地球は、どこで北半球と南半球にわけられますか。

（　　　　　）

(2) 次の位置にある大陸の名前を答えましょう。

	大陸名	大陸名
北半球	大陸	大陸
北半球と南半球	大陸	大陸
南半球	大陸	大陸

(3) 次の大洋名を答えましょう。

① 三大洋の中で一番小さい大洋　（　　　　　）

② アフリカ大陸の西側にある大洋　（　　　　　）

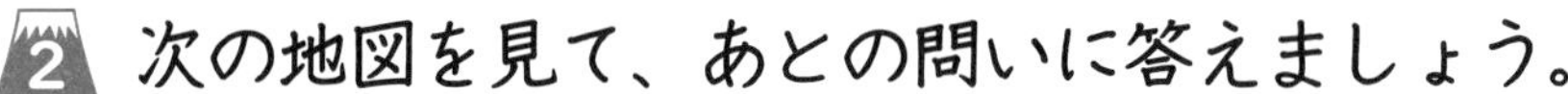

2 次の地図を見て、あとの問いに答えましょう。

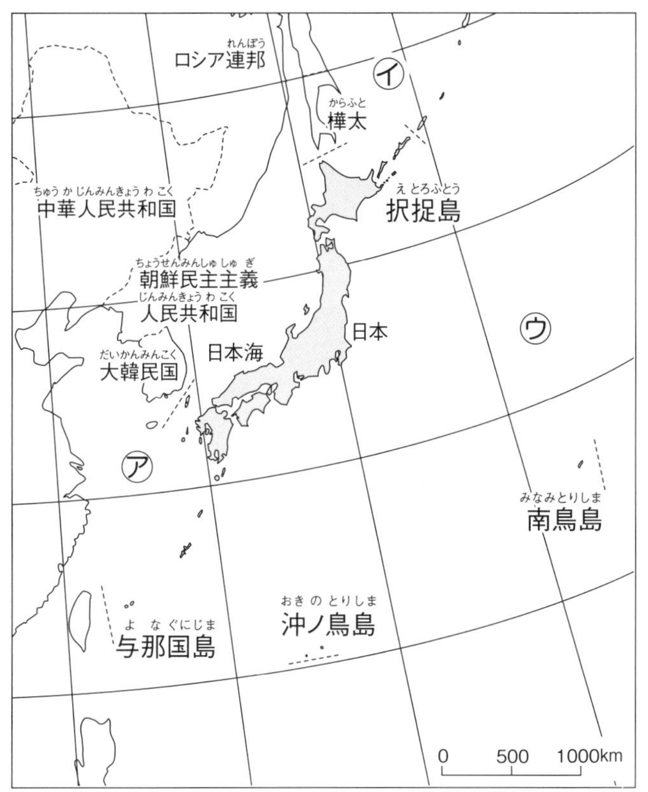

(1) 日本は、まわりを海に囲(かこ)まれています。
　㋐～㋒の海の名前を答えましょう。

㋐	
㋑	
㋒	

東シナ海　　太平洋
オホーツク海

(2) 次の（　）にあてはまる言葉を答えましょう。

　日本は、ユーラシア大陸の（①　　　　）側にあり、大陸との間に（②　　　　）海があります。

　北のはしの（③　　　　）島から西のはしの（④　　　　）島まで、約(やく)3300kmあります。

(3) 日本のまわりの国と、つながる文を線で結(むす)びましょう。

①朝鮮民主主義人民共和国 ・　　　・㋐世界で一番人口が多い
②ロシア連邦 ・　　　・㋑世界一面積(めんせき)が広い
③中華人民共和国 ・　　　・㋒日本に一番近い
④大韓民国 ・　　　・㋓朝鮮半島の北側にある

世界から見た日本の位置と領土・領海

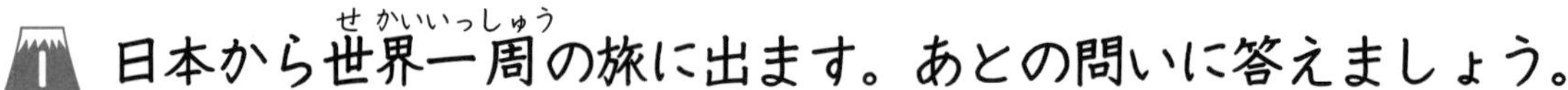

1 日本から世界一周(せかいいっしゅう)の旅に出ます。あとの問いに答えましょう。

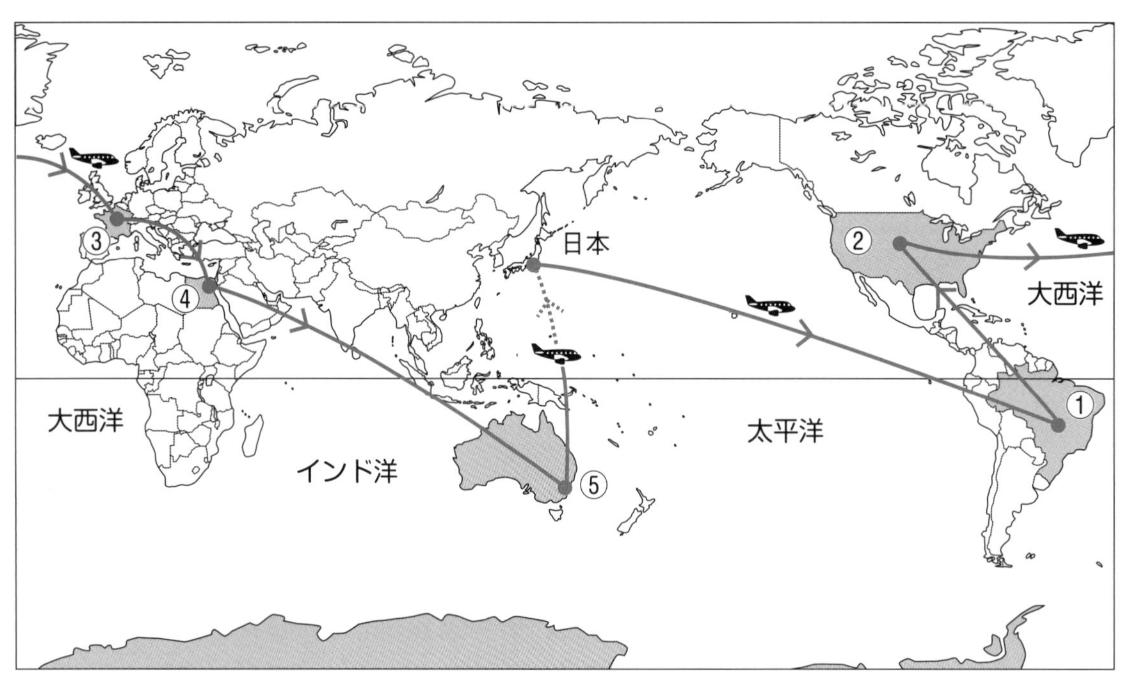

(1) ①～⑤の国々は、何大陸にありますか。

①	大陸	②	大陸
③	大陸	④	大陸
⑤	大陸		

アフリカ　南アメリカ　北アメリカ
南極(なんきょく)　オーストラリア　ユーラシア

(2) この旅を船で回るとすると、三大洋をどのように通りますか。

（　　　　）⇒（　　　　）⇒（　　　　）⇒太平洋

(3) 今回の旅で行かなかった大陸はどこですか。（　　　　）大陸

2 次の文章を読んで、あとの問いに答えましょう。

日本は、4つの大きな島と、およそ7000の島々からなっています。北のはしの島から西のはしの島まで細長くのびていて、4つの海に囲(かこ)まれた島国です。

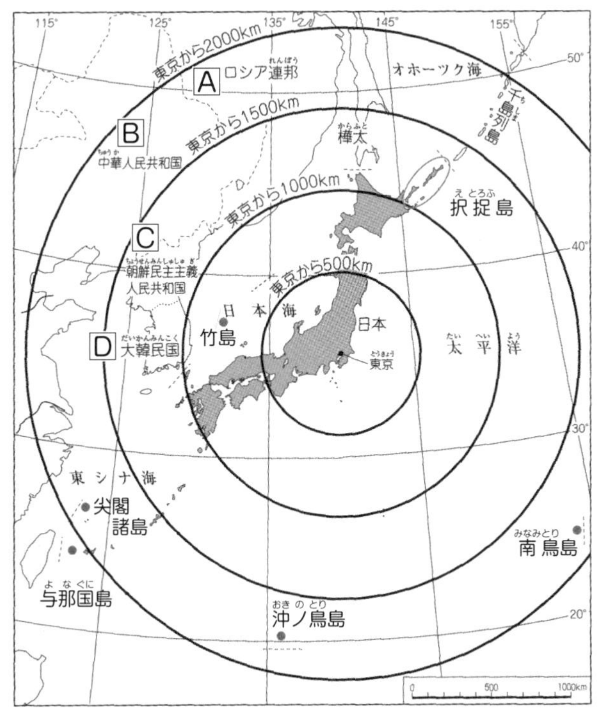

(1) 4つの大きな島を大きい順(じゅん)に答えましょう。

①	
②	
③	
④	

(2) 北と西のはしの島の名前を答えましょう。

北	
西	

(3) (2)で答えた島と島の間は、どれくらいのきょりがありますか。

約(やく)(　　　　)km

(4) 日本固有(こゆう)の領土(りょうど)である北方領土(ほっぽうりょうど)や竹島(たけしま)・尖閣諸島(せんかくしょとう)のある海洋名と、そこをめぐって関係(かんけい)している国を記号で答えましょう。

① 北方領土…(　　　　)海、太平洋　国〔　　〕

② 竹　島　…(　　　　)海　国〔　　〕

③ 尖閣諸島…(　　　　)海　国〔　　〕

4 イメージマップ 日本の地形

次のうすく書かれた言葉をなぞりましょう。

☆山脈（さんみゃく）・山地・高地

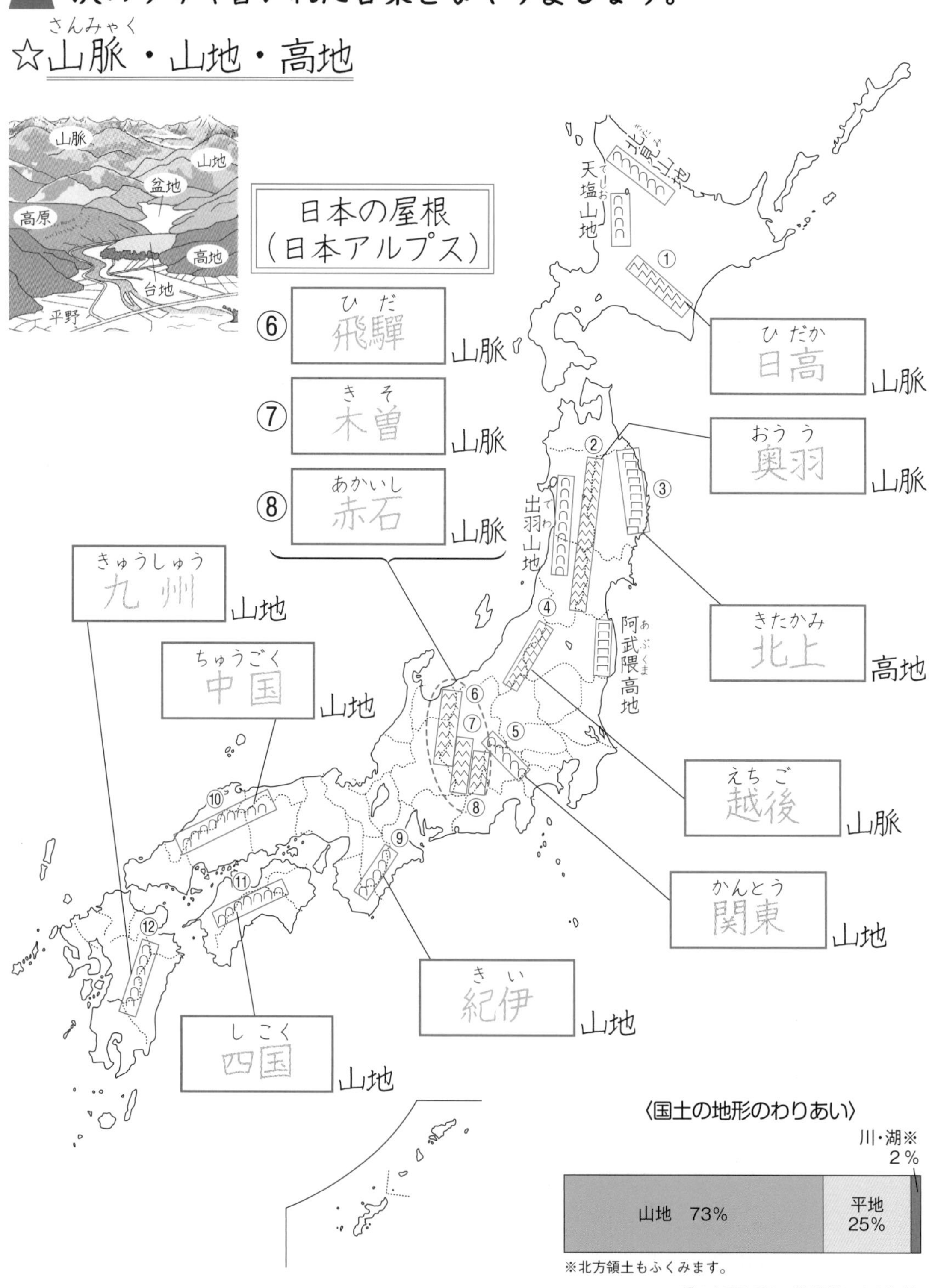

☆平野・盆地・台地と川

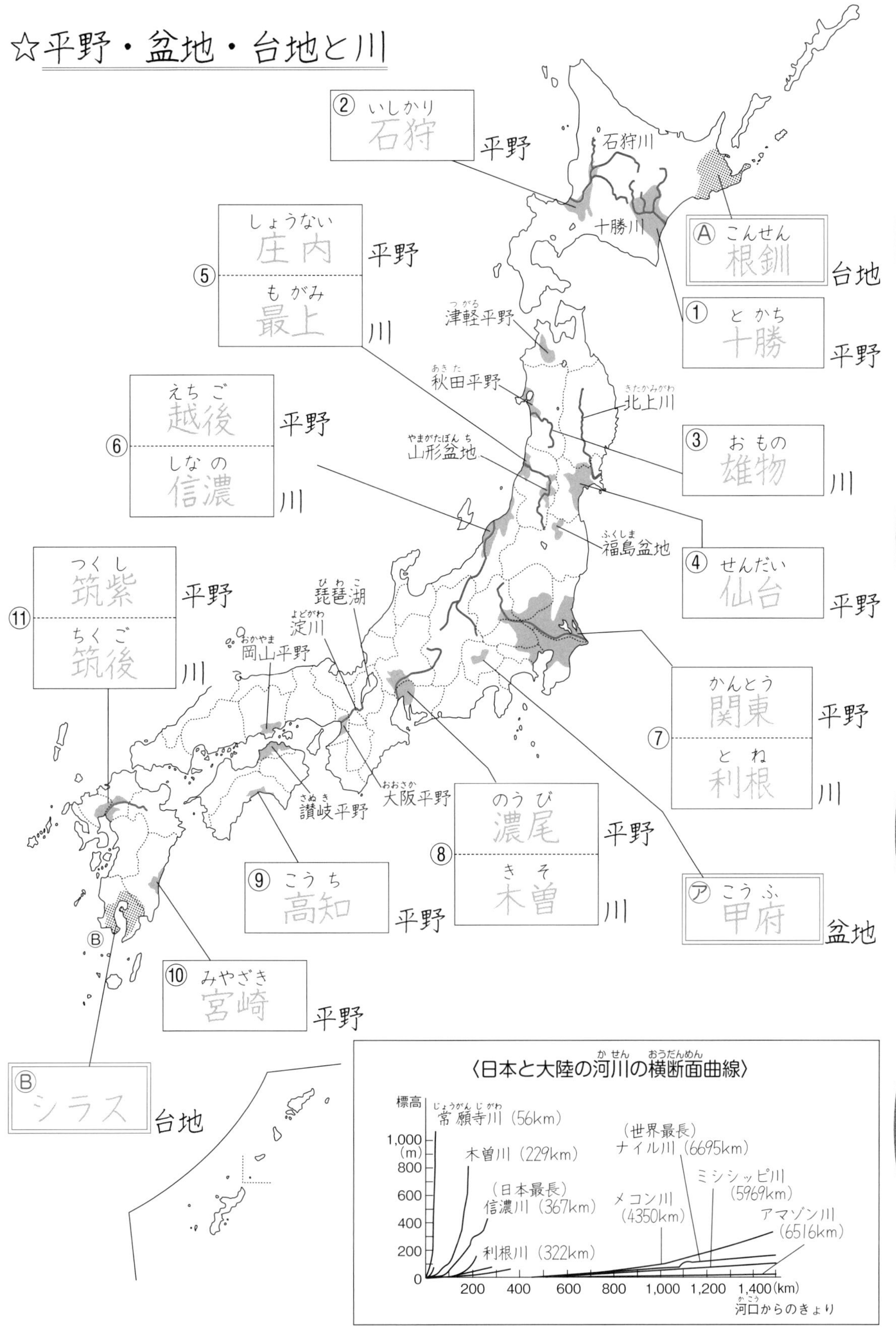

② いしかり 石狩 平野
石狩川
十勝川
Ⓐ こんせん 根釧 台地
① とかち 十勝 平野
⑤ しょうない 庄内 平野
もがみ 最上 川
津軽平野
秋田平野
北上川
③ おもの 雄物 川
⑥ えちご 越後 平野
しなの 信濃 川
山形盆地
④ せんだい 仙台 平野
福島盆地
⑪ つくし 筑紫 平野
ちくご 筑後 川
琵琶湖
淀川
岡山平野
⑦ かんとう 関東 平野
とね 利根 川
大阪平野
讃岐平野
⑧ のうび 濃尾 平野
きそ 木曽 川
⑨ こうち 高知 平野
ア こうふ 甲府 盆地
⑩ みやざき 宮崎 平野
Ⓑ シラス 台地
〈日本と大陸の河川の横断面曲線〉
標高
(m)
1,000
800
600
400
200
0
常願寺川（56km）
木曽川（229km）
（日本最長）
信濃川（367km）
利根川（322km）
（世界最長）
ナイル川（6695km）
ミシシッピ川
（5969km）
メコン川
（4350km）
アマゾン川
（6516km）
200
400
600
800
1,000
1,200
1,400（km）
河口からのきょり

山地・山脈・高地

1 次の地図の山地・山脈(さんみゃく)・高地の名前を[ ]から選(えら)んで答えましょう。

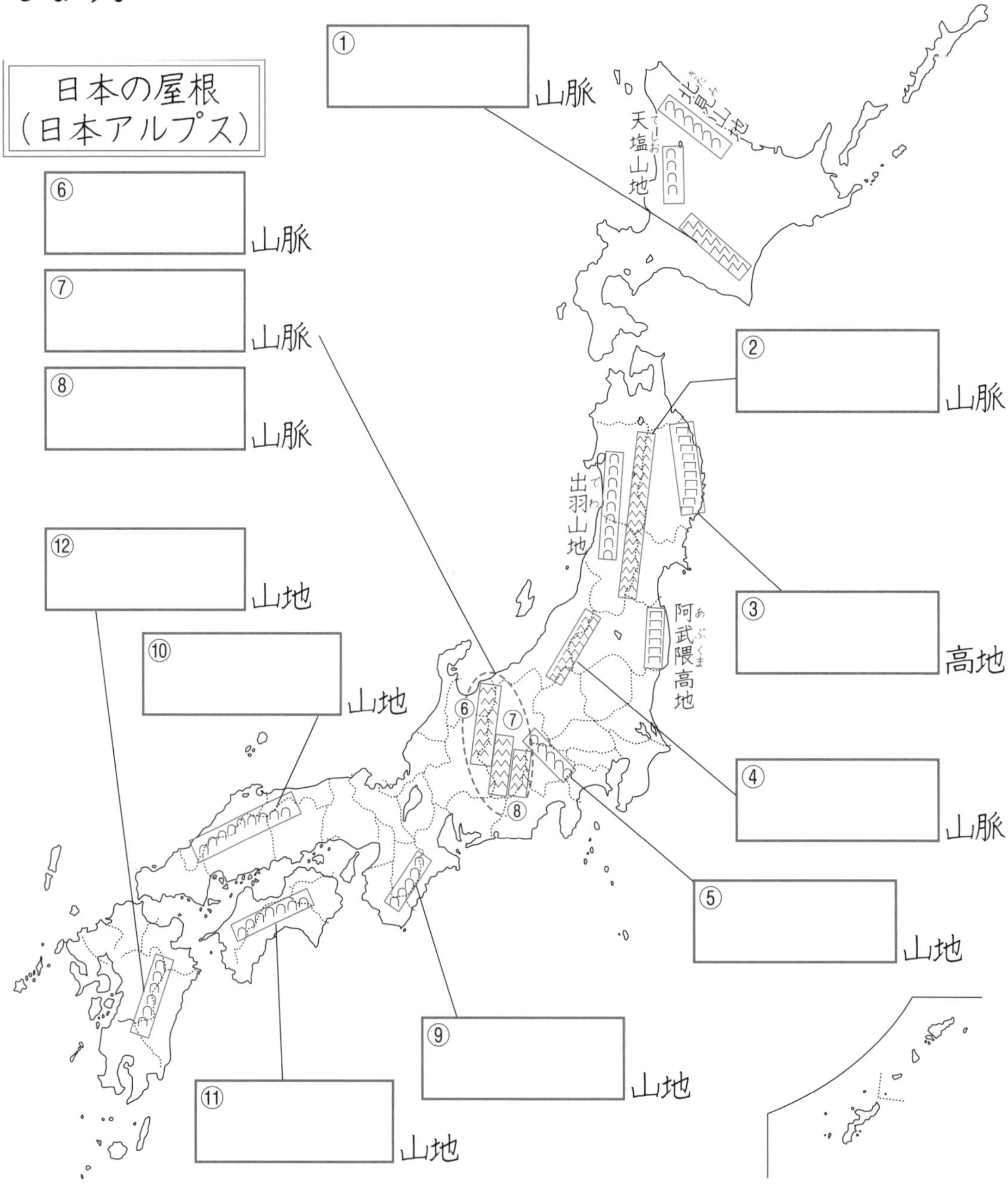

日本の屋根（日本アルプス）

① [　　] 山脈

② [　　] 山脈

③ [　　] 高地

④ [　　] 山脈

⑤ [　　] 山地

⑥ [　　] 山脈

⑦ [　　] 山脈

⑧ [　　] 山脈

⑨ [　　] 山地

⑩ [　　] 山地

⑪ [　　] 山地

⑫ [　　] 山地

天塩(てしお)山地

出羽(でわ)山地

阿武隈(あぶくま)高地

越後(えちご)	中国	飛騨(ひだ)	九州	紀伊(きい)	北上(きたかみ)
日高(ひだか)	関東(かんとう)	赤石(あかいし)	四国	木曽(きそ)	奥羽(おうう)

学びのディープポイント！ 日本は、国土のほとんどが山地で、それ以外の平地にほとんどの人が住んでいるよ。険しい山々の連なった山脈が多く集まっているのが、本州の中央部にある山脈で日本の屋根（日本アルプス）とよばれているよ。

2 次の㋐～㋒は、山地・山脈・高地のどれですか。

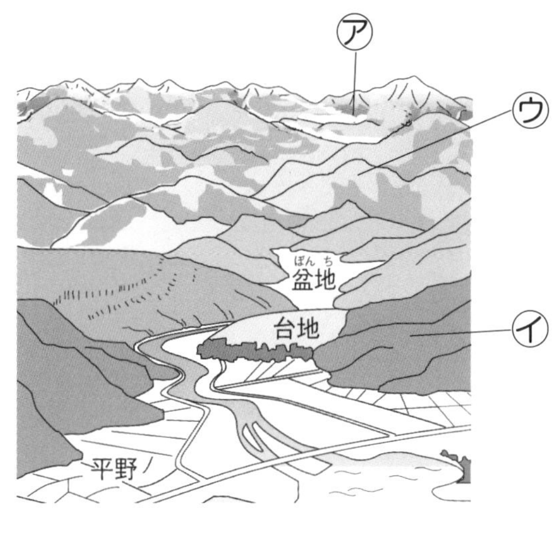

㋐ 山地のうちで、険しい山々が連なったところ。
（　　　）

㋑ 山地のうちで、高低差が少なく表面がなだらかなところ。
（　　　）

㋒ 山々が集まったところ。
（　　　）

3 次の（　）にあてはまる言葉や数字を[　　]から選んで答えましょう。

日本の国土の（①　　　）が山地です。北は（②　　　）から南は（③　　　）まで、中央に（④　　　）のような山々が連なっています。

〈中央アルプス〉

特に、本州の中央部は、3000m級の山々が連なっていて、1の⑥は北アルプス、⑦は中央アルプス、⑧は南アルプスとよばれています。これらをまとめて（⑤　　　）とよんだり、日本の（⑥　　　）ともよんでいます。

九州	北海道	日本アルプス	屋根	せぼね	4分の3

山地・山脈・高地

1 次の地図を見て、あとの問いに答えましょう。

北見山地
天塩山地
ア
イ
出羽山地
ウ
エ
阿武隈高地
カ
キ
オ
ク
コ
サ
ケ
シ

(1) 次の図を見て、(　)にあてはまる言葉を[　　]から選んで答えましょう。

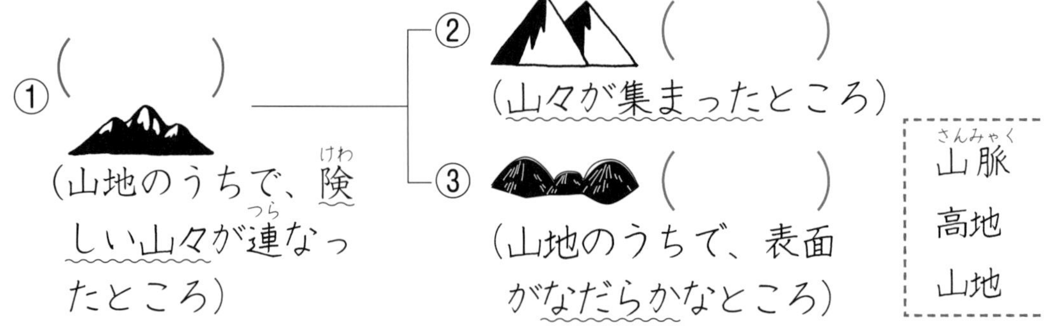

① (　　　　)
(山地のうちで、険しい山々が連なったところ)

② (　　　　)
(山々が集まったところ)

③ (　　　　)
(山地のうちで、表面がなだらかなところ)

山脈
高地
山地

学びのディープポイント! 「山地」は山の集まった場所をいい、「山脈」はとくに険しい山々が連なっている場所をいうよ。「高地」は、山地のうちで表面がなだらかな場所だよ。日本は火山もあり、地しんなども毎年必ずおきているね。

(2) 次の説明にあてはまる山地・山脈・高地を㋐〜㋛の記号で答え、その名前を[ ]から選んで答えましょう。

	説　　明	記号	地形名
①	東北地方の真ん中を走る山脈。		山脈
②	新潟県と福島県・群馬県の境の山脈。		山脈
③	日本の屋根(日本アルプス)の中の北アルプス。		山脈
④	岩手県から宮城県にのびる高地。		高地
⑤	中部地方(山梨県)と関東地方の境になる山地。		山地

北上　越後　関東　奥羽　飛驒

(3) 次の山地・山脈を㋐〜㋛から選んで記号で答えましょう。

① 九州山地 (　　)　② 紀伊山地 (　　)

③ 日高山脈 (　　)　④ 木曽山脈 (　　)

⑤ 中国山地 (　　)　⑥ 赤石山脈 (　　)

2 次の(　)の中で正しい言葉に○をつけましょう。

日本は(①山地・平地)が多く、国土の約(②70%・90%)をしめていて、日本列島を(③せぼね・きん肉)のように走っています。

東北・北海道地方など東日本の山々は(④南北・東西)に連なり、西日本の山々は、(⑤南北・東西)に連なっています。

平地・川・湖

次の地図を見て、あとの問いに答えましょう。

(1)　①～⑨の平野の名前を［　　］から選んで答えましょう。

①	平野	②	平野	③	平野
④	平野	⑤	平野	⑥	平野
⑦	平野	⑧	平野	⑨	平野

仙台（せんだい）　庄内（しょうない）　石狩（いしかり）　筑紫（つくし）　越後（えちご）　高知（こうち）　濃尾（のうび）　関東（かんとう）　十勝（とかち）

学びのディープポイント! 「平地」は、平らな場所をいい、「平野」や「盆地」、「台地」などがあるよ。平野には必ず川が流れていて、島国である日本の川は、大陸にある世界の長い川にくらべてきょりが短く、流れが急だよ。

(2) Ⓐ～Ⓒの台地と盆地の名前を[ ]から選んで答えましょう。

Ⓐ	台地	Ⓑ	盆地	Ⓒ	台地

甲府　シラス　根釧

(3) ㋐～㋘の川の名前を[ ]から選んで答えましょう。

㋐	川	㋑	川	㋒	川
㋓	川	㋔	川	㋕	川
㋖	川	㋗	川	㋘	川

木曽　最上　十勝　利根　信濃
石狩　淀　筑後　雄物

2 日本と世界の川をくらべて、わかったことを答えましょう。

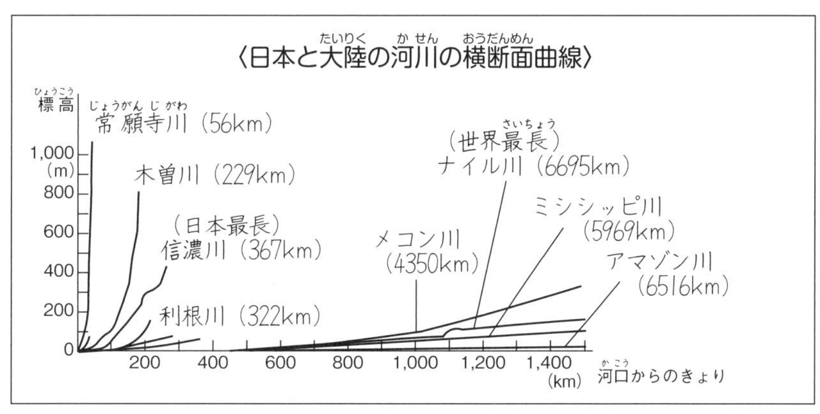

世界一長い川は(①　　　)川で(②　　　)kmあります。日本一長い川は(③　　　)川で(④　　　)kmあります。日本の川は、海までのきょりが(⑤　　　)ので、流れが(⑥　　　)です。

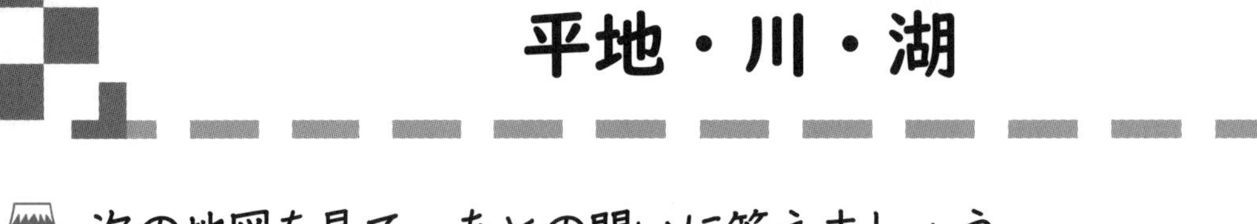

平地・川・湖

次の地図を見て、あとの問いに答えましょう。

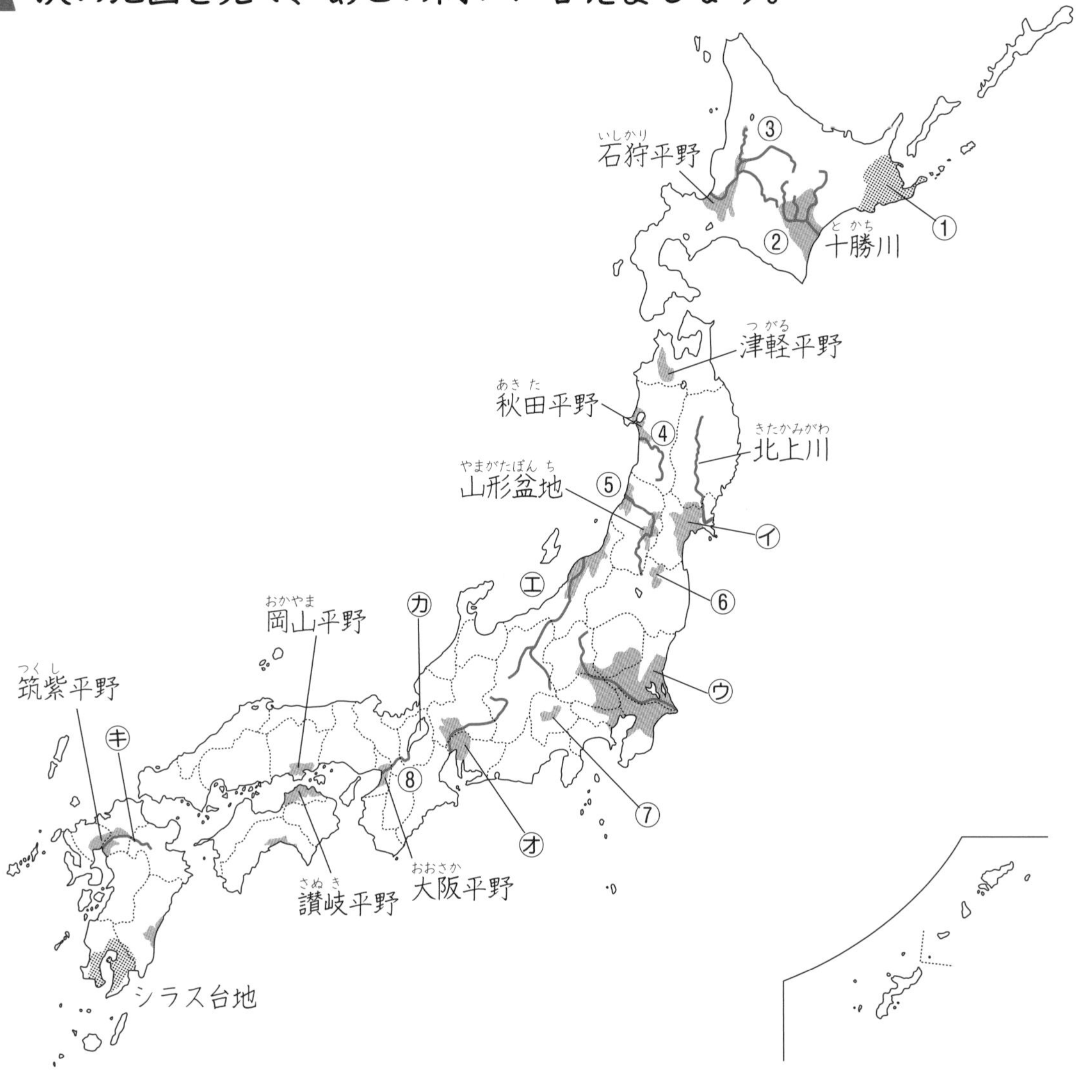

石狩(いしかり)平野
③
②
十勝(とかち)川
①
津軽(つがる)平野
秋田(あきた)平野
④
北上(きたかみ)川
山形盆地(やまがたぼんち)
⑤
イ
エ
⑥
カ
岡山(おかやま)平野
ウ
筑紫(つくし)平野
キ
⑧
⑦
オ
讃岐(さぬき)平野
大阪(おおさか)平野
シラス台地

(1) 次のⒶ～Ⓒは、平野・盆地・台地のどれですか。

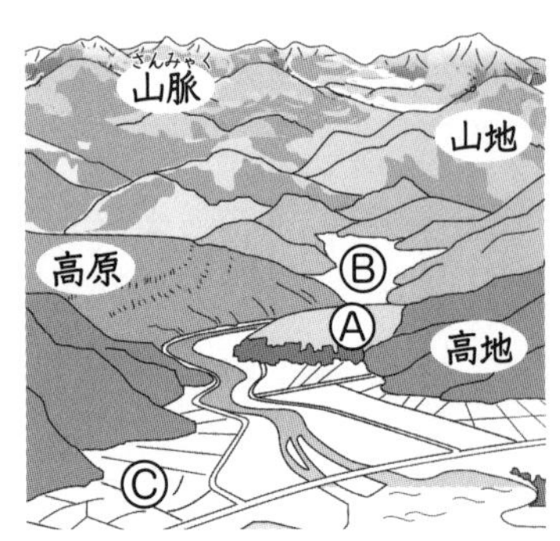

Ⓐ 平地の中でまわりより高くて平らになっている地形 (　　　　)

Ⓑ 山に囲(かこ)まれて、お盆のような平地 (　　　　)

Ⓒ 海に面している平地 (　　　　)

学びのディープポイント! 平野には必ず川が流れているので、平野と川の名前が同じものがあるよ。そういった覚やすいところや、身近な都道府県にある川から覚えていくといいね。

(2) 次の①~⑧の平野・盆地・台地・川の名前を［　　］から選(えら)んで答えましょう。

①	台地		②	平野	十勝　川
③	石狩　平野	川	④	秋田　平野	川
⑤	平野	川	⑥	盆地	
⑦	盆地		⑧	大阪　平野	川

庄内(しょうない)　十勝　甲府(こうふ)　根釧(こんせん)　福島
石狩　最上(もがみ)　淀(よど)　雄物(おもの)

(3) 次の①~⑥にあてはまる場所を㋐~㋖の記号で〔　〕に答え、名前は［　　］から選んで答えましょう。

① 日本で一番大きい平野　〔　　〕（　　　　）平野

② 日本で一番長い川　〔　　〕（　　　　）川

③ 日本で一番大きい湖　〔　　〕（　　　　）湖

④ 筑紫平野を流れる川　〔　　〕（　　　　）川

⑤ 昔の美濃(みの)の国(岐阜(ぎふ)県)と尾張(おわり)の国(愛知(あいち)県)に広がる平野　〔　　〕（　　　　）平野

⑥ 北上川が流れる平野　〔　　〕（　　　　）平野

仙台(せんだい)　琵琶(びわ)　関東(かんとう)　濃尾(のうび)　筑後(ちくご)　信濃(しなの)

日本の地形

1 日本の国土について（　）にあてはまる言葉を選んで答えましょう。

〈国土の地形のわりあい〉

山地 73%	平地 25%	川・湖※ 2%

※北方領土もふくみます。

（『日本国勢図会　2019/20』より作成）

〈日本と大陸の河川の横断面曲線〉

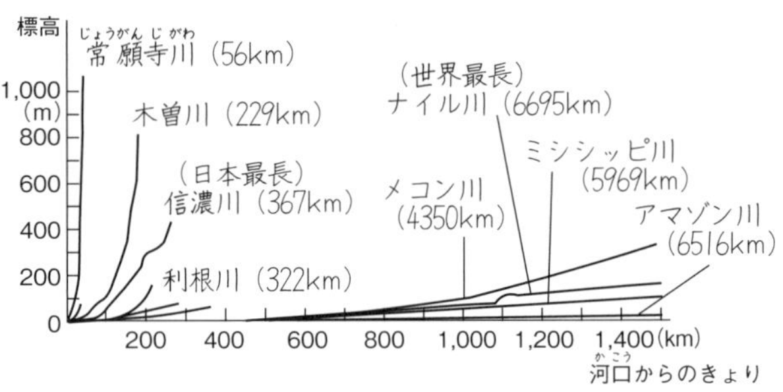

日本は（①　　　　）が多く、国土の約（②　　　　）をしめていて、日本列島を（③　　　　）のように走っています。特に中部地方は（④　　　　）といわれる高い山々が連なっています。

川は、海までのきょりが（⑤　　　　）ので、流れが急で、まるで（⑥　　　　）のようだといわれています。

せぼね　　山地　　短い　　日本の屋根　　たき　　70%

2 次の地形図を見て、そのようすを説明している文を線で結びましょう。

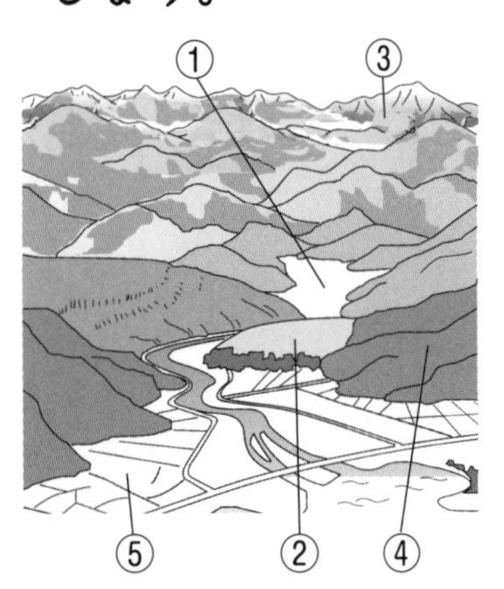

①盆地 •		• ㋐険しい山が連なる
②台地 •		• ㋑山で囲まれた平地
③山脈 •		• ㋒まわりより高い平地
④高地 •		• ㋓海に面している平地
⑤平野 •		• ㋔表面がなだらかな山地

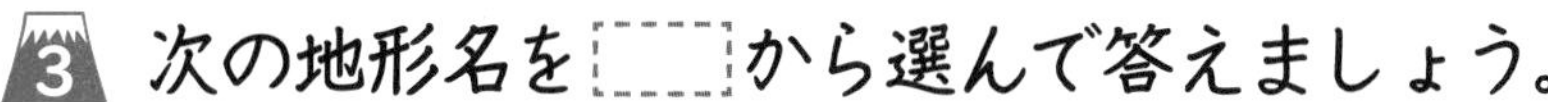

3 次の地形名を［　　］から選んで答えましょう。

① ＿＿台地

② ＿＿山脈

③ ＿＿平野

④ ＿＿山脈

⑤ ＿＿平野 ＿＿川

⑥ ＿＿平野 ＿＿川

⑦ ＿＿平野 ＿＿川

⑧ ＿＿山脈

⑨ ＿＿平野 ＿＿川

⑩ ＿＿湖

⑪ ＿＿山地

⑫ ＿＿山地

日本の屋根
（日本アルプス）

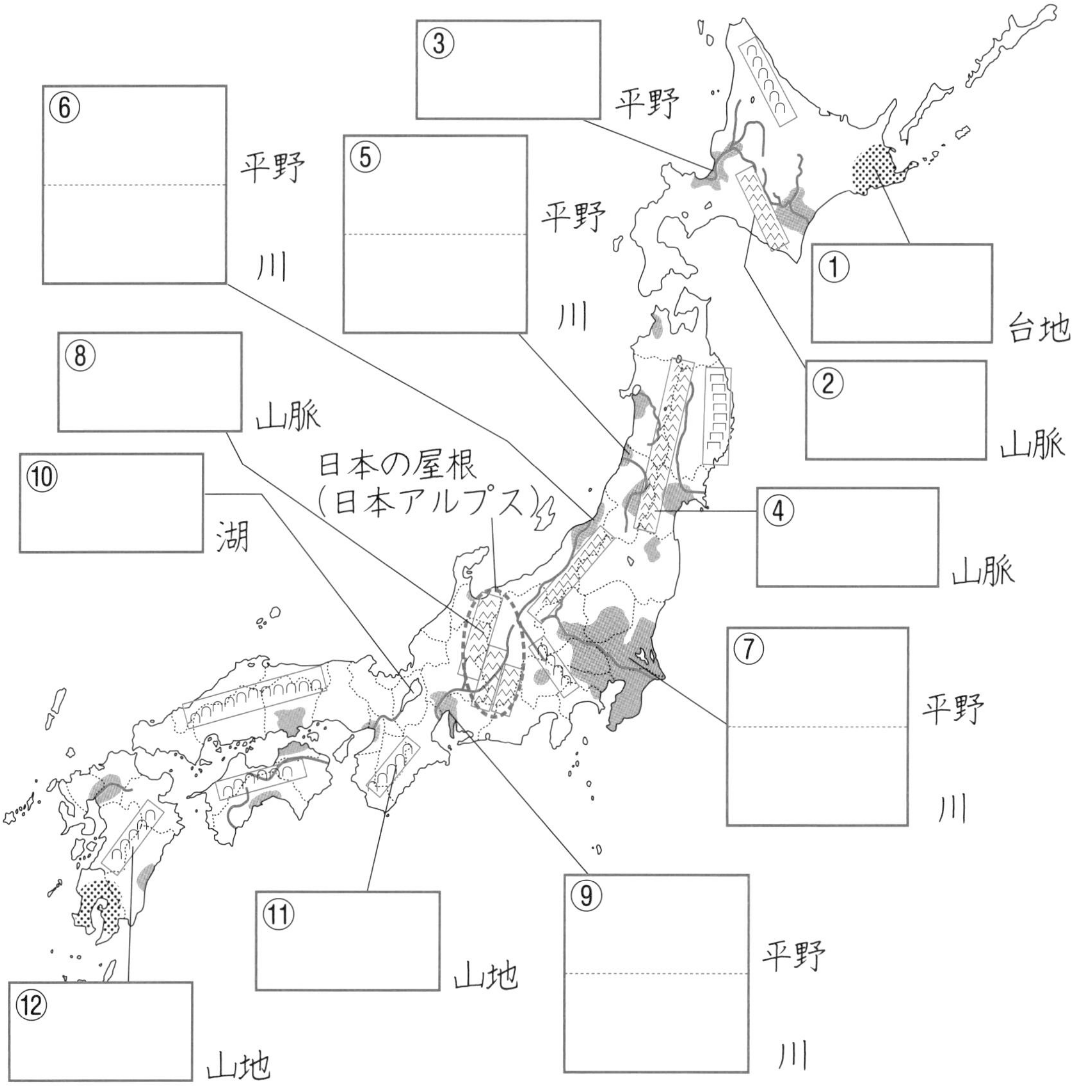

山地・山脈	奥羽（おうう）　九州　日高（ひだか）　飛騨（ひだ）　紀伊（きい）
平野・台地	越後（えちご）　関東　石狩（いしかり）　庄内（しょうない）　根釧（こんせん）　濃尾（のうび）
川・湖	琵琶（びわ）　利根（とね）　信濃（しなの）　最上（もがみ）　木曽（きそ）

日本の地形

 次の地形図を見て、あとの問いに答えましょう。

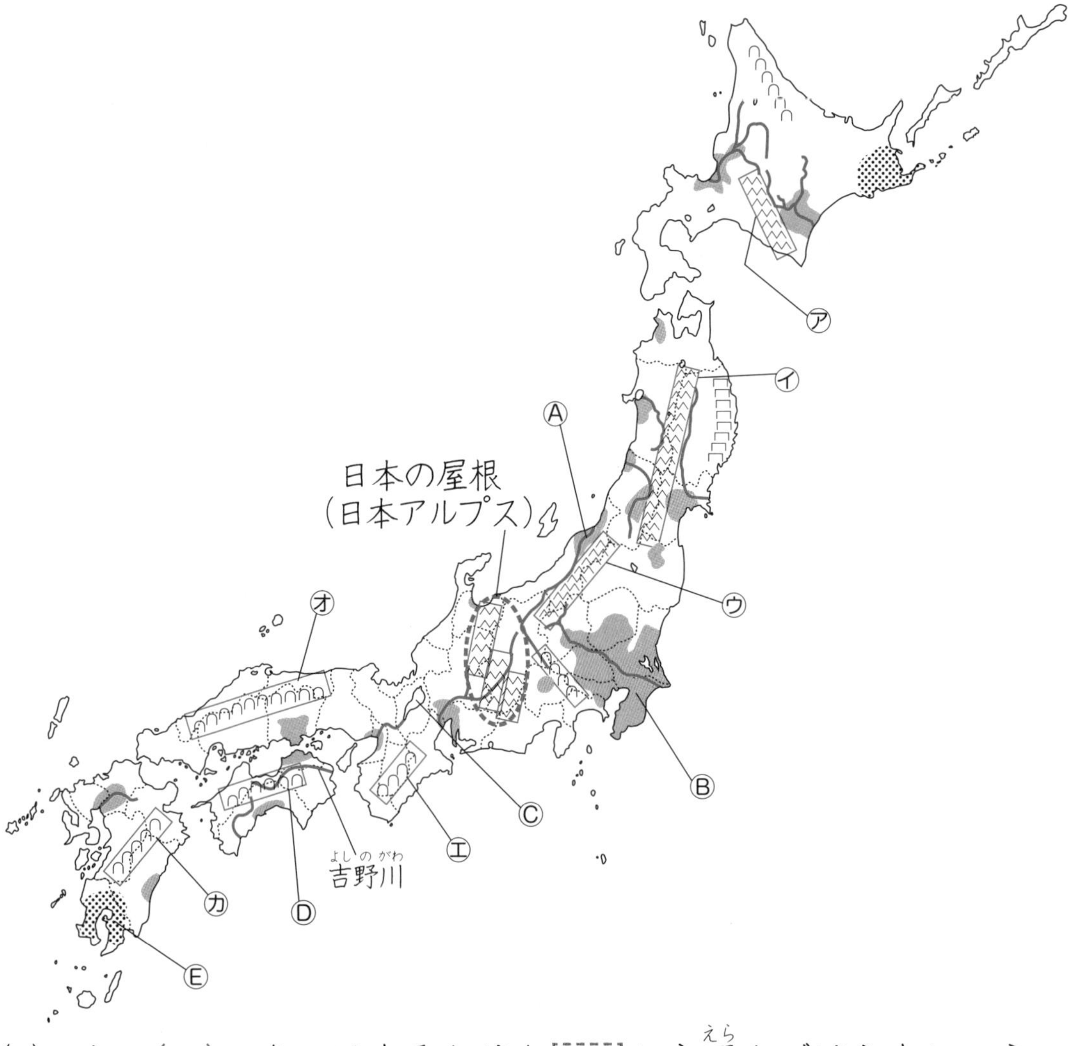

(1) 次の（　）にあてはまる言葉を［　］から選(えら)んで答えましょう。

日本の川は、山から海までのきょりが（①　　　）、流れが（②　　　）なので、たくさんの（③　　　）を運んでいます。それらが積(つ)もって、（④　　　）などができます。

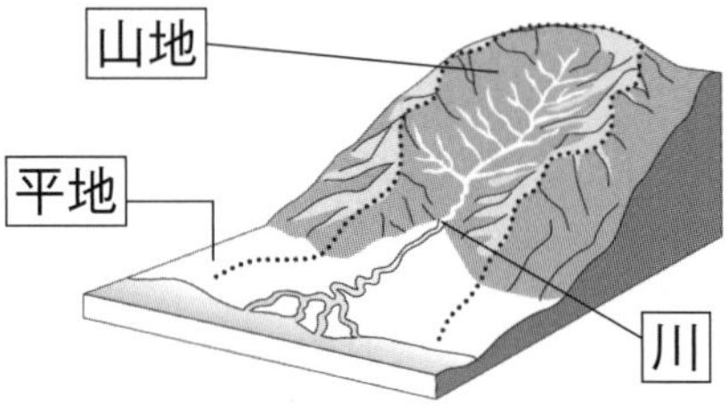

平野　短く　土やすな　急

(2)　次の地形名にあてはまる記号を〔　〕に答え、それと関係する文を線で結びましょう。

① 信濃川　〔　　　〕・　　　　・あ 鹿児島県から宮崎県にまたがる台地

② シラス台地〔　　　〕・　　　　・い 日本最大の湖

③ 関東平野　〔　　　〕・　　　　・う 日本で一番長い川

④ 琵琶湖　〔　　　〕・　　　　・え 吉野川が流れ出る山地

⑤ 四国山地　〔　　　〕・　　　　・お 日本で一番広い平野

(3)　「日本の屋根」ともよばれる日本アルプスの山脈を北から順に答えましょう。

① 北アルプス　（　　　　　　）山脈

② 中央アルプス　（　　　　　　）山脈

③ 南アルプス　（　　　　　　）山脈

赤石　　飛驒　　木曽

(4)　日本列島を「せぼね」のように走る山地・山脈の名前を⬚から選んで答えましょう。

ア	山脈	イ	山脈
ウ	山脈	エ	山地
オ	山地	カ	山地

越後　　中国　　日高　　九州　　奥羽　　紀伊

⑤ イメージマップ 都道府県　北海道・東北地方

北海道・東北地方の①～⑦の道・県名をなぞりましょう。

（※は、県名と県庁所在地名が違うところです）

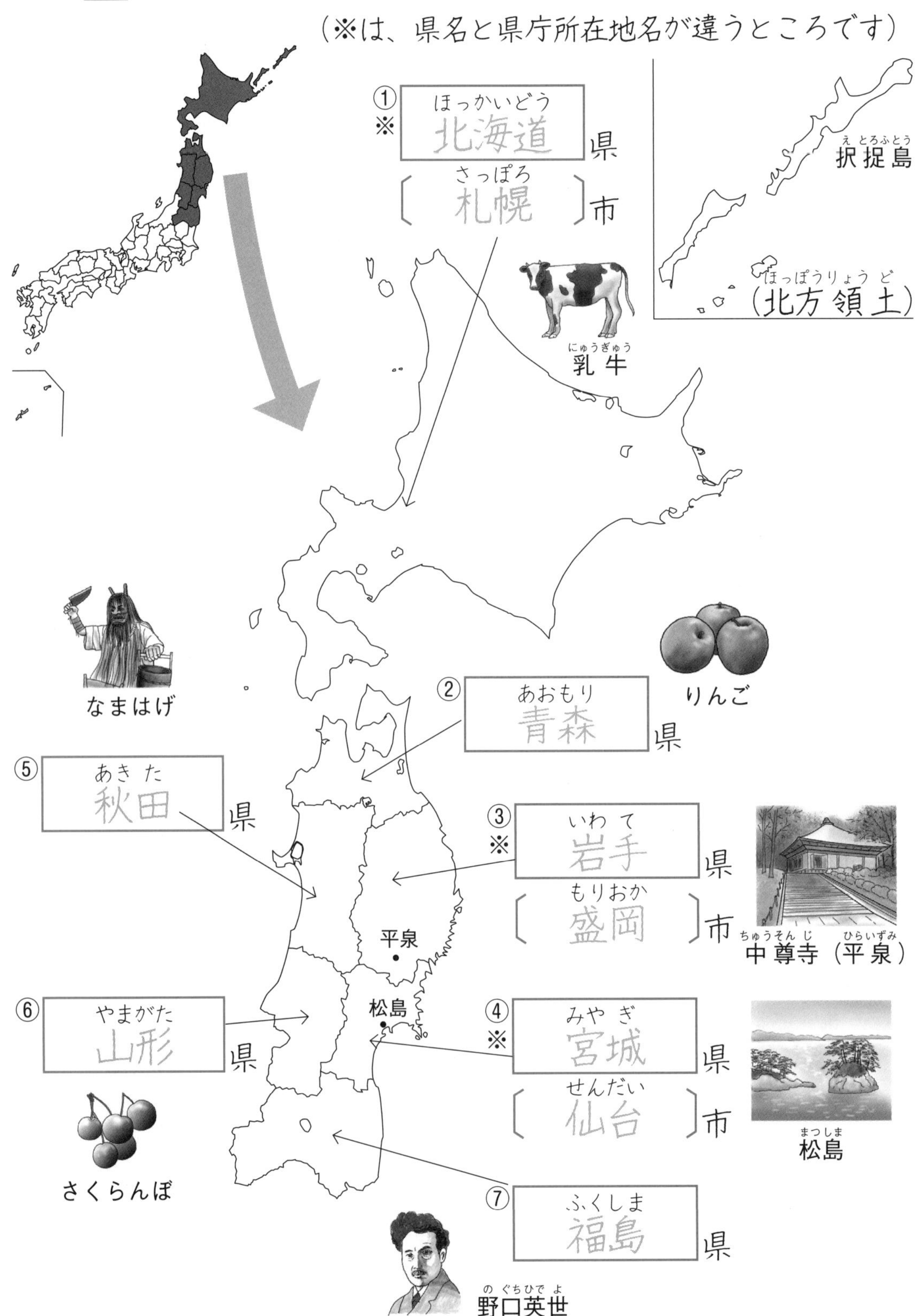

2 地形名をなぞって、その場所をそれぞれの色でぬりましょう。

山地……オレンジ色
山脈……茶色
台地……灰色
平野……緑色
川・湖…青色

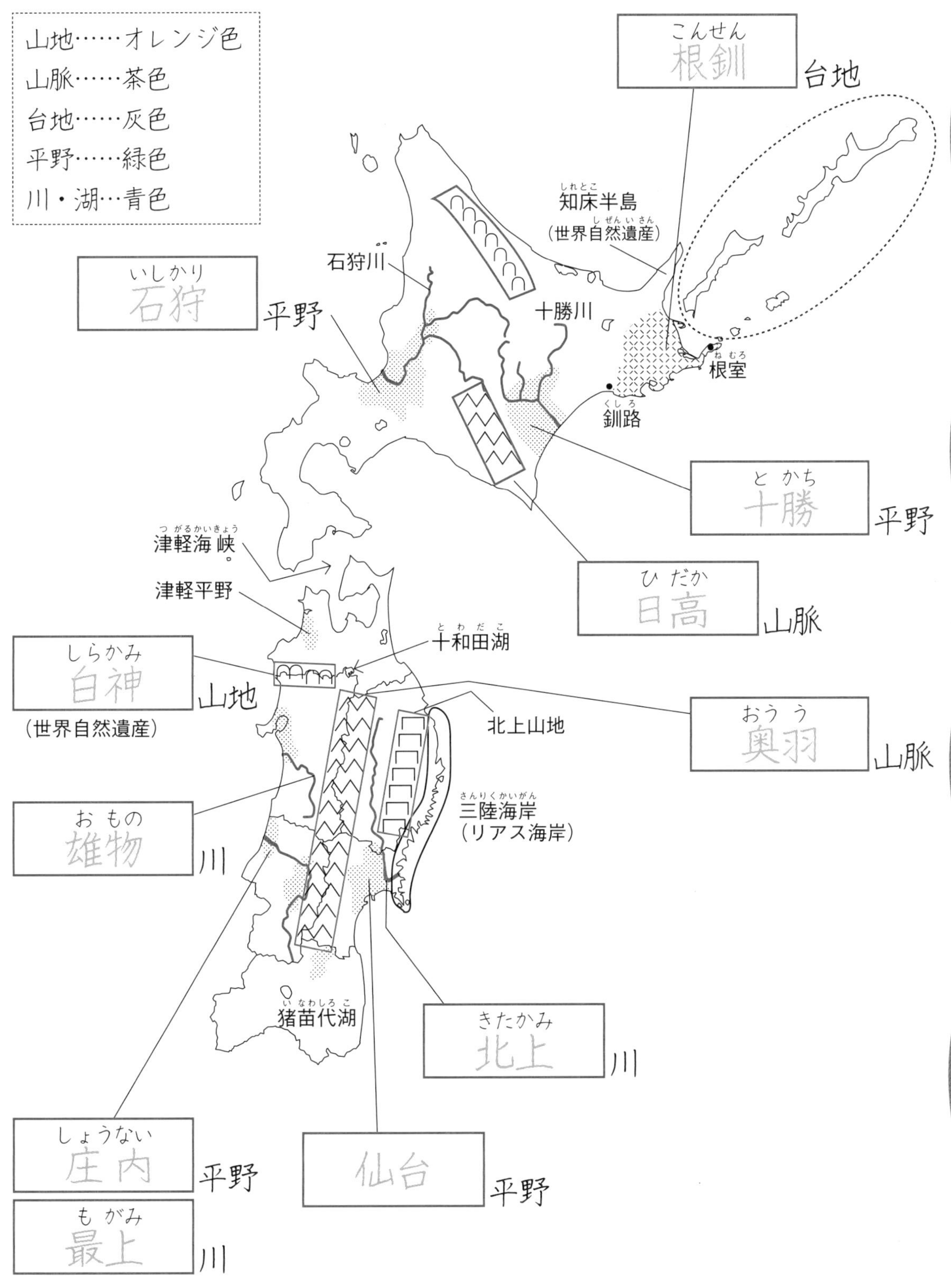

北海道・東北地方①

次のシルエットになっている都道府県はどこですか。

① 中尊寺（平泉）

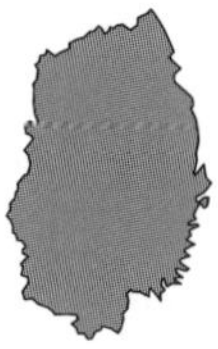

② なまはげ

③ さくらんぼ

④ 松島

⑤ 野口英世

⑥ りんご

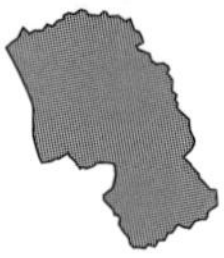

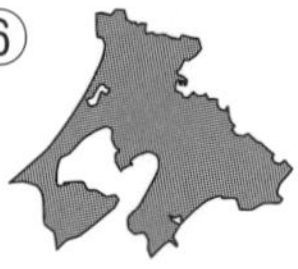

⑦ 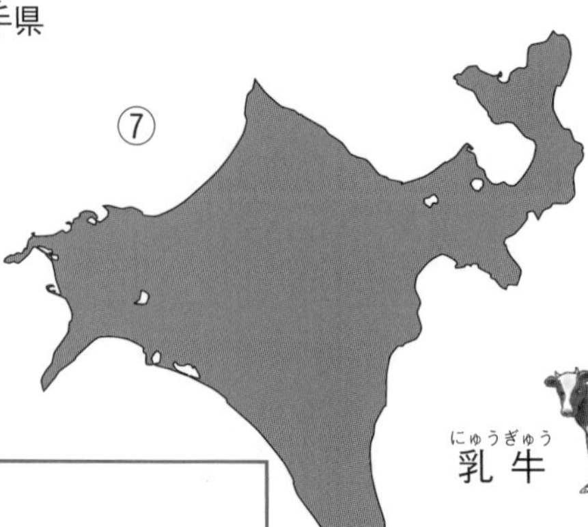  乳牛

北海道
青森県
秋田県
岩手県
山形県
宮城県
福島県

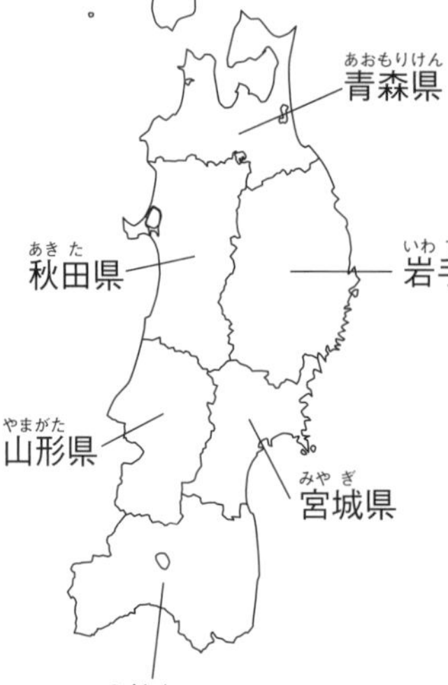

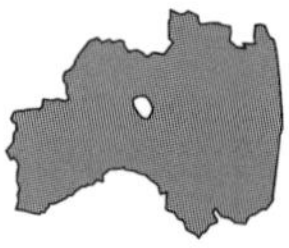

学びのディープポイント！ 北海道・東北地方は、土地が寒く、昔は育つ作物が限られていたけど、今ではお米などの産地として有名になったね。東北では有名なお祭りがたくさんあるよ。

学習日 ／

2 夏の東北四大祭りが行われている県名を（　）に答えましょう。

① （　　　）県の仙台で行われる七夕まつり。昔の暦での行事だったので、今の暦より1か月おくの8月にあるよ。

② ちょうちんを9だんもぶら下げる（　　　）県の竿灯まつりは、真夏の暑さに負けないようにと願ったものなんだ。

③ 「ヤッショ、マカショ！」と赤い花かざりをつけた花がさを手にして、おどり歩く（　　　）県の祭りだ。

④ 明かりをつけた大きな灯篭（ねぶた）を山車に乗せて街をねり歩く（　　　）県のとてもはなやかなお祭り。

3 次の地図を見て□に名前を⬚から選んで答えましょう。

日本海
知床半島（しれとこ）（世界自然遺産）（しぜんいさん）
石狩川（いしかりがわ）
石狩平野
釧路（くしろ）
根室（ねむろ）
十勝川（とかちがわ）
十勝平野
① 　　　　　台地
津軽海峡（つがるかいきょう）
津軽平野
十和田湖（とわだこ）
② 　　　　　山脈（さんみゃく）
④ 　　　　　平野
雄物川（おもの）
三陸海岸（さんりくかいがん）（リアス海岸）
③ 　　　　　山脈
⑤ 　　　　　川
仙台平野
福島盆地（ぼんち）
猪苗代湖（いなわしろこ）

根釧（こんせん）　庄内（しょうない）　日高（ひだか）
奥羽（おうう）　最上（もがみ）

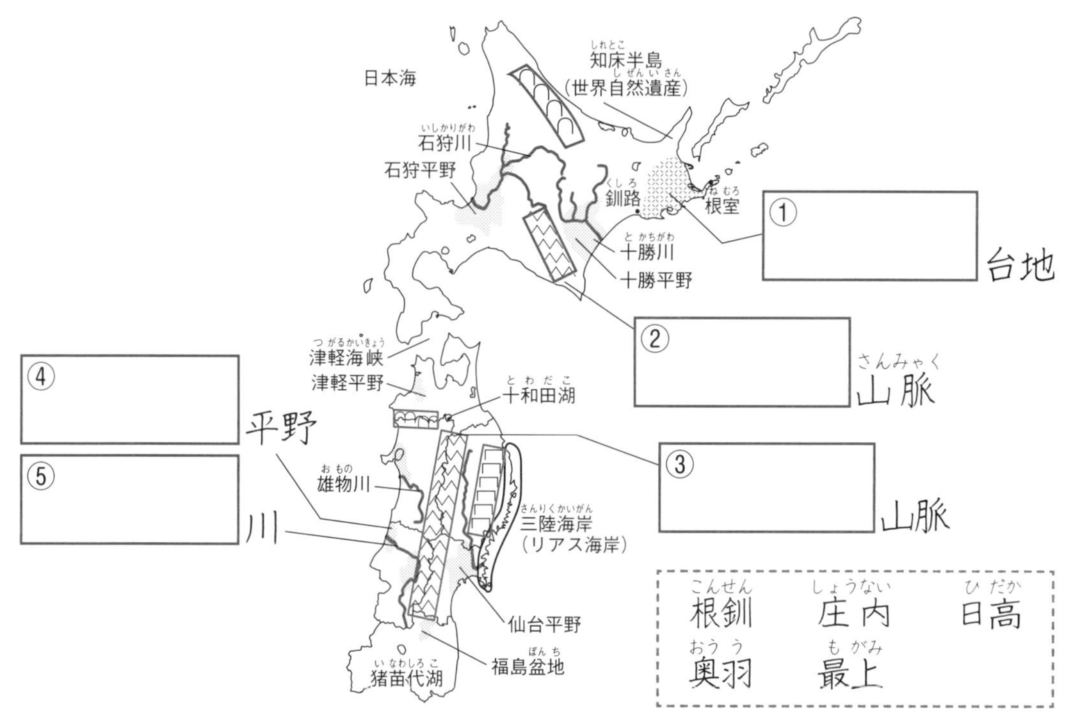

北海道・東北地方②

次の地図からまちがいを５つ見つけて○をつけ、□に正しく書き直しましょう。

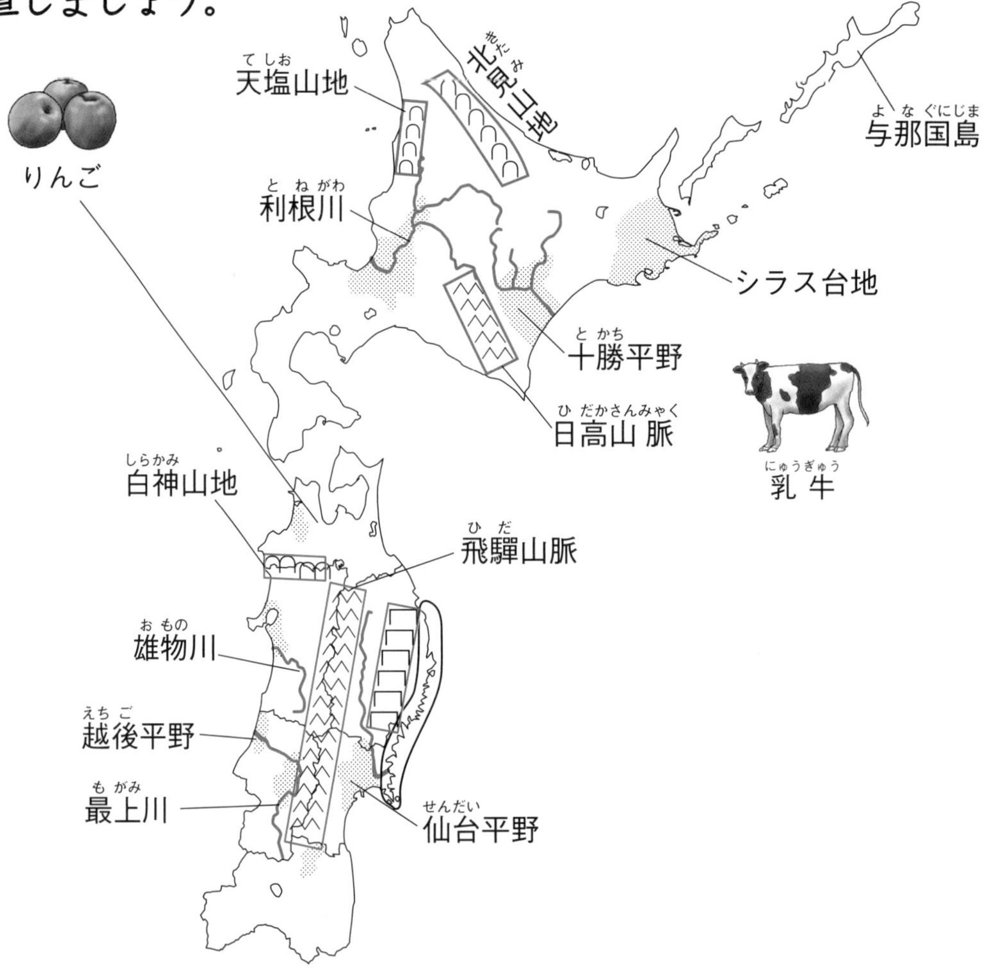

天塩山地
北見山地
与那国島
りんご
利根川
シラス台地
十勝平野
日高山脈
乳牛
白神山地
飛騨山脈
雄物川
越後平野
最上川
仙台平野

まちがっている言葉		正しい言葉
	➡	
	➡	
	➡	
	➡	
	➡	

学びのディープポイント！ まちがっている地名や特産品などは、今までの学習で習ってきたところばかりだよ。今までのページから調べてもいいので答えてみよう。ダジャレ川柳には、都道府県名がかくれているよ。

2 この地方から消えた都道府県を（　）に答えましょう。

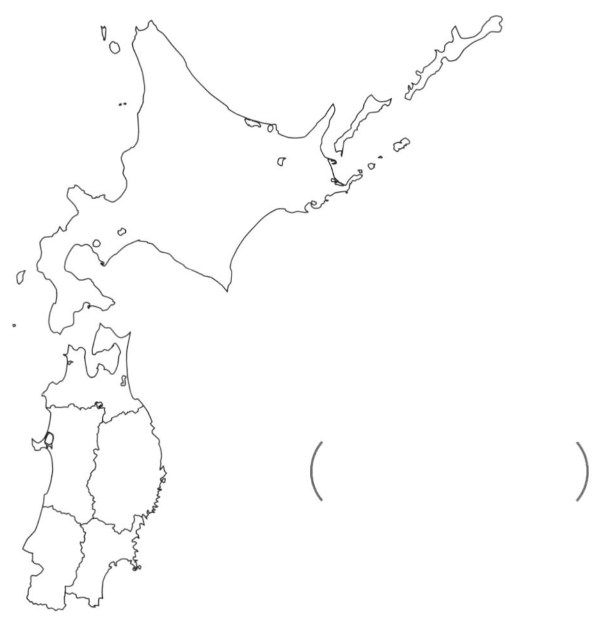

（　　　　　　）

3 次の農ちく産物は、北海道・東北地方のある都道府県が日本一のものです。□から選んで答えましょう。

① 乳牛　（　　　　　）

② りんご　（　　　　　）

③ あきたこまち　（　　　　　）

北海道
秋田県
青森県

4 次のダジャレ川柳はどこの都道府県かを答えましょう。

① 北の大地　ヒグマもサケも　でっかいどう　⇒（　　　　　）

② 青い森　かごにリンゴを　おおもりけん　⇒（　　　　　）

③ わんこそば　みんながしゅくふく　いわってね ⇒（　　　　　）

④ 秋の田に　なまはげとつぜん　あっ！ きたぞ ⇒（　　　　　）

⑤ ササニシキ　カキに牛タン　おみやぎに　⇒（　　　　　）

ステップ

北海道・東北地方③

次の新幹線の線路図を見て、あとの問いに答えましょう。

札幌
(2030年度開業予定)
新函館北斗
北海道新幹線
(新青森～新函館北斗)
(盛岡～秋田)
秋田新幹線
(福島～新庄)
山形新幹線
新青森
八戸
秋田
盛岡
新庄
東北新幹線
(東京～新青森)
新潟
山形
仙台
福島
東京

(1) 地図上で東北新幹線が停まる駅がある東北地方の県名を答えましょう。

① 福島 (　　　)県

② 仙台 (　　　)県

③ 盛岡 (　　　)県

④ 八戸 (　　　)県

(2) 北海道新幹線は、2030年にどこまでのびる予定ですか。

(　　　)市

(3) 東北新幹線の次の駅からわかれた新幹線の名前を答えましょう。

① 盛岡駅 ⇒ (　　　)新幹線

② 福島駅 ⇒ (　　　)新幹線

(4) 次の特産品や有名な人は、どの道県に関係していますか。
( )に県名を答えましょう。

① じゃがいも (　　　)　② さくらんぼ(　　　)

③ あきたこまち(　　　)　④ カキ (　　　)

⑤ 宮沢賢治 (　　　)　⑥ 野口英世 (　　　)

学びのディープポイント! 新幹線が開通し、東京から新函館北斗まで、４時間程度で行けるようになったよ。中尊寺のある平泉などのように価値があるとみとめられると、建物だけでなく、その景観もふくめて世界遺産として登録されることがあるよ。

2 北海道・東北地方のクロスワードにチャレンジしましょう。

（クロスワード：㋐ほ・・・　②ふ・・・　㋑④あ・・・　㋒や・・・）

横のかぎ㋐～㋒

㋐ 日本で一番広い面積をもつ。

㋑ 本州の北のはし、りんごが有名。

㋒ しょうぎやさくらんぼが有名。

たてのかぎ1～4

1 中尊寺がある平泉が世界遺産に。

2 野口英世が生まれた県。

3 日本三景の一つ松島が有名。

4 きりたんぽという郷土料理が有名。

☆ 上の□マスのひらがなをならべて、言葉をつくりましょう。

あ		い	う	え	お	か
	ん					

⑤ イメージマップ 都道府県　関東地方

関東地方の①〜⑦の県名をなぞりましょう。

（※は、県名と県庁所在地名が違うところです）

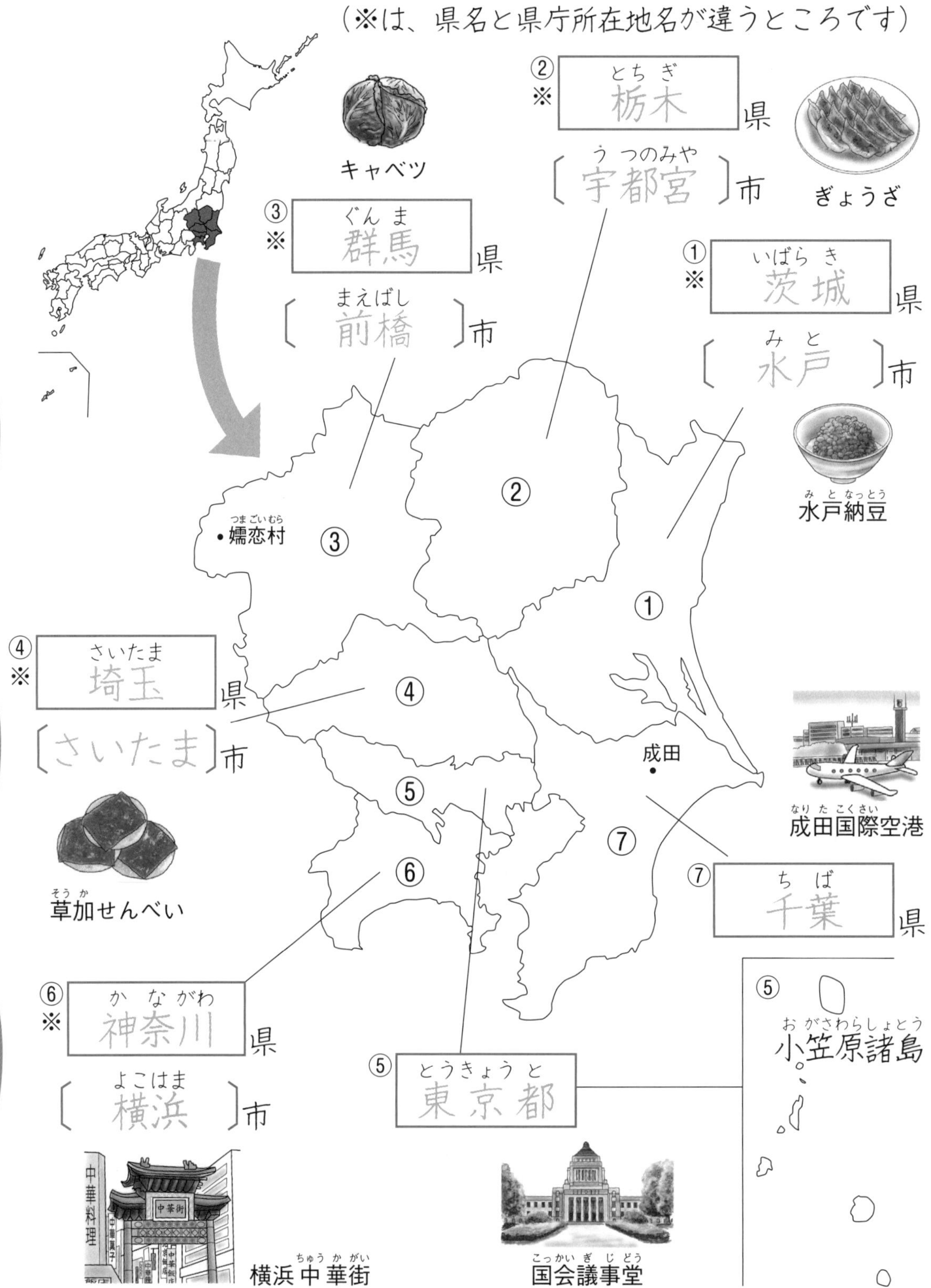

 地形名をなぞって、その場所をそれぞれの色でぬりましょう。

山地……オレンジ色
山脈……茶色
台地……灰色
平野……緑色
川・湖…青色

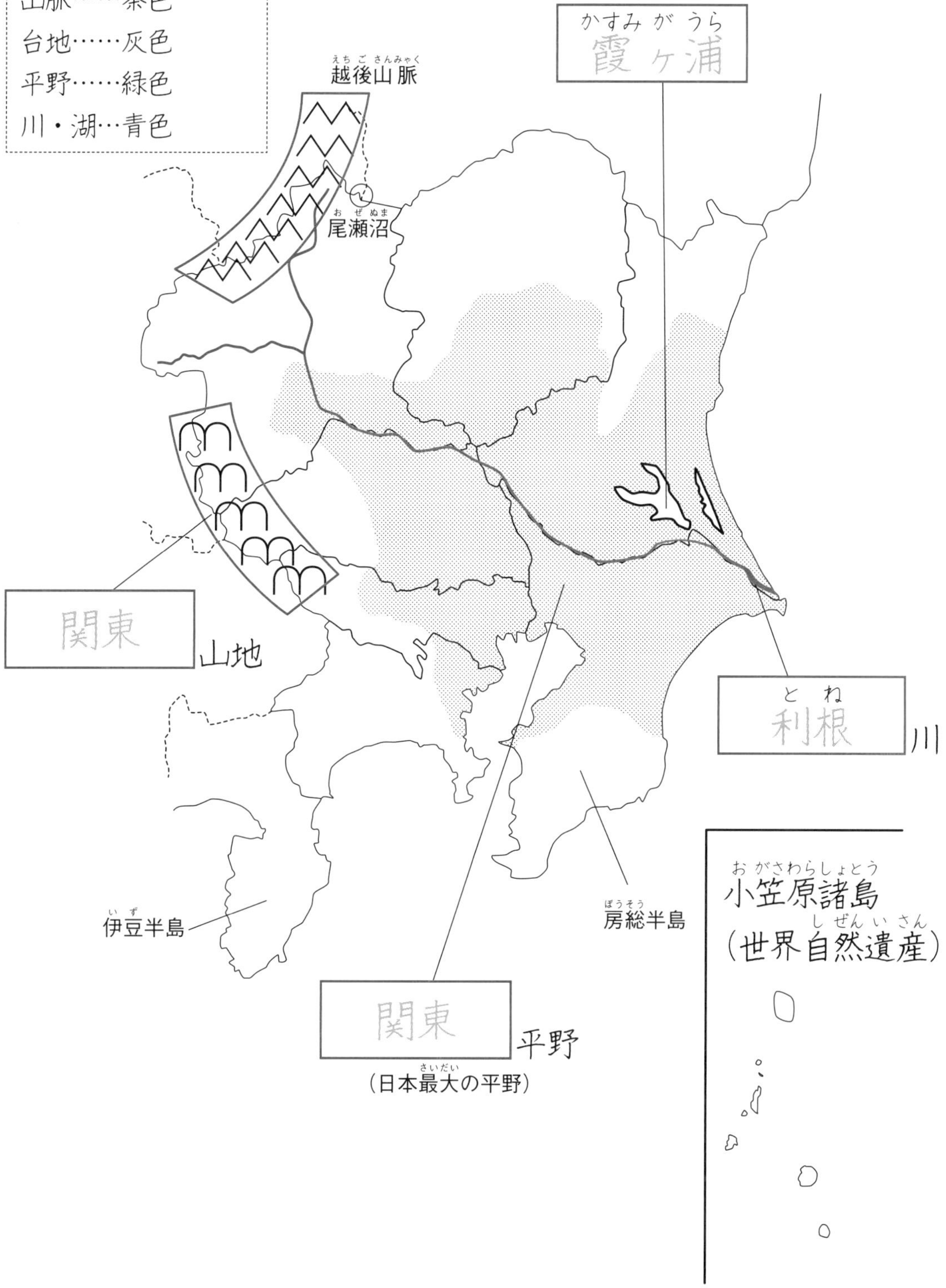

関東地方①

次のシルエットになっている都道府県はどこですか。

水戸納豆

①

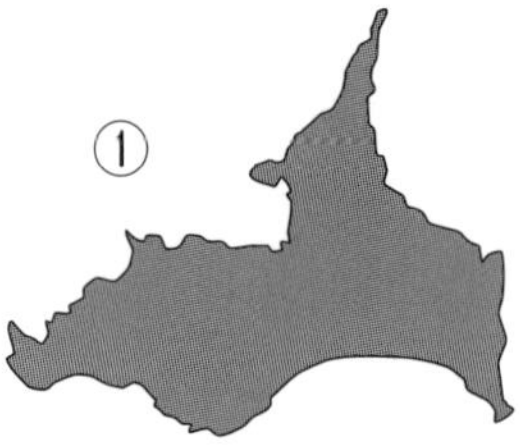

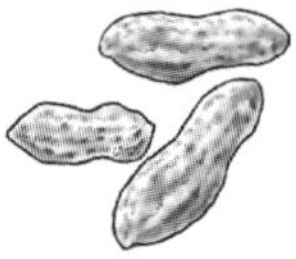

落花生（ピーナッツ）

横浜中華街

②

③

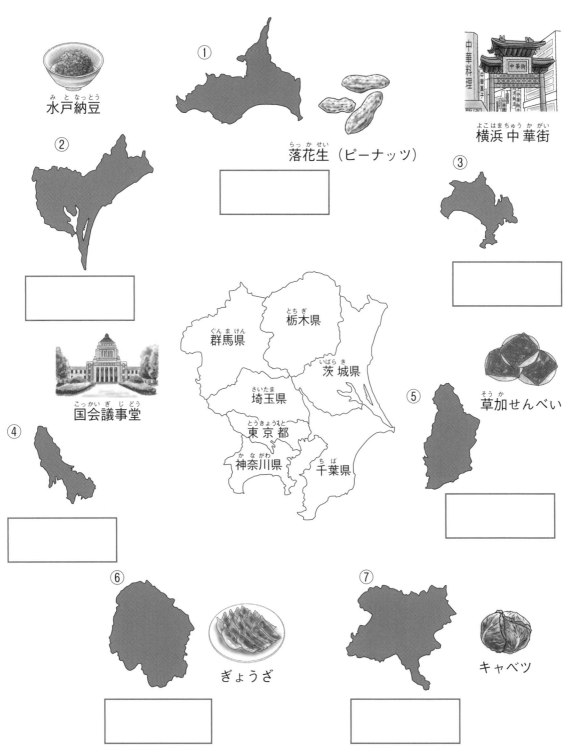

群馬県
栃木県
茨城県
埼玉県
東京都
神奈川県
千葉県

国会議事堂

④

⑤

草加せんべい

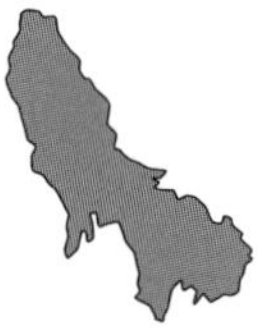

⑥

ぎょうざ

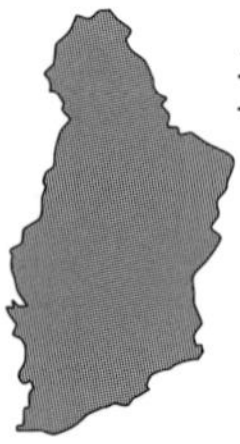

⑦

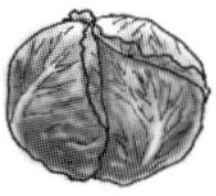

キャベツ

学びのディープポイント！ 関東地方は、日本最大の平野が広がっており、そこに首都があるよ。首都である東京には900万人以上が住んでおり、経済の中心地になっているよ。首都の周辺は人口が多いので、キャベツなどの農業もさかんになっているね。

2 次の人たちが、行こうとしてる県名を（　）に答えましょう。

①わたしは、温泉(おんせん)が好(す)きなので、（　　　）県の草津温泉(くさつおんせん)に行ってから、尾瀬ヶ原(おぜがはら)に行こうと思っています。

②琵琶湖(びわこ)に次いで、二番目に大きい（　　　）県の霞ケ浦(かすみがうら)に行ってから、水戸納豆を食べたいね。

③（　　　）県には、こう水の水を地下に取りこんで川に流す、首都県外郭(がいかく)放水路の見学ツアーに行くよ。

④（　　　）県のキャラクター、チーバくんが、ピーナッツを食べているポーズを見に行きたいな。

3 次の地図を見て□に名前を┆┆から選(えら)んで答えましょう。

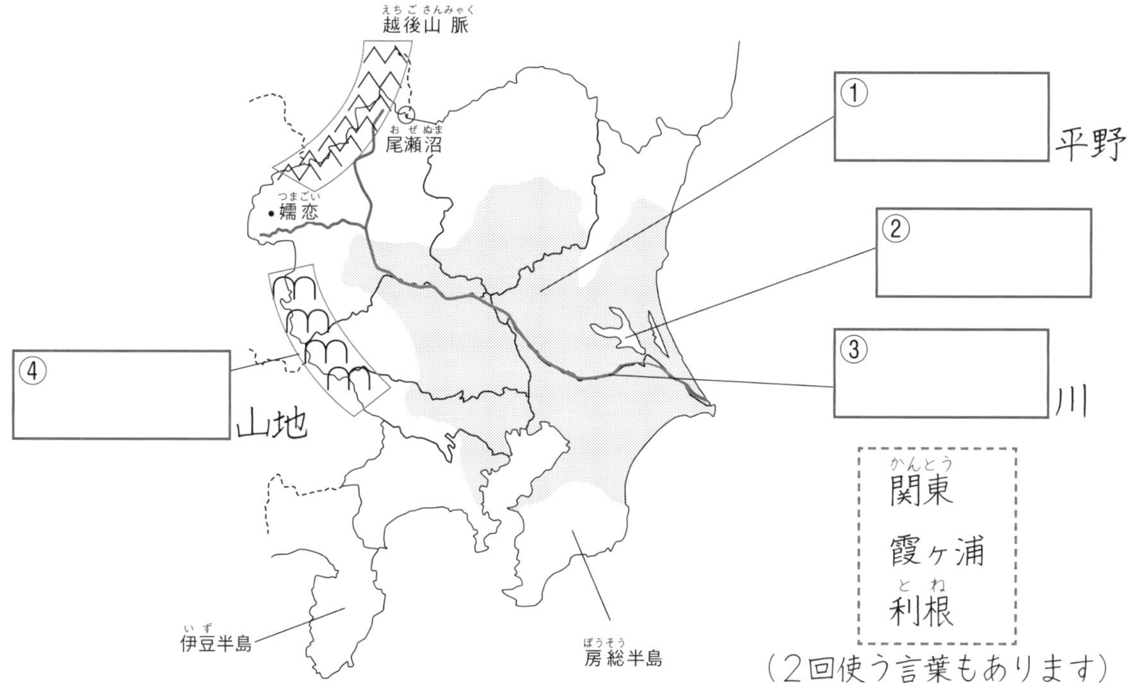

関東地方②

次の地図からまちがいを５つ見つけて○をつけ、□に正しく書き直しましょう。

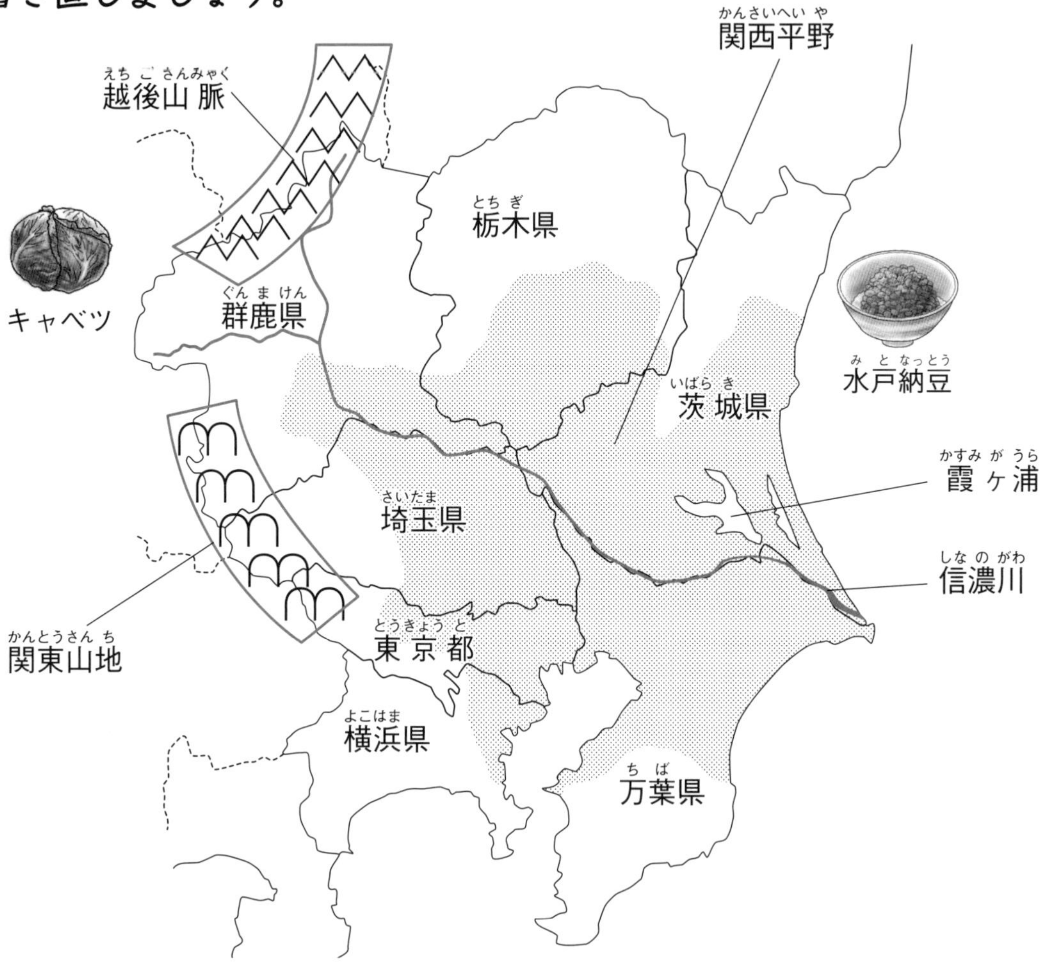

関西平野
越後山脈
栃木県
キャベツ
群鹿県
水戸納豆
茨城県
霞ヶ浦
埼玉県
信濃川
関東山地
東京都
横浜県
万葉県

まちがっている言葉		正しい言葉
	➡	
	➡	
	➡	
	➡	
	➡	

学びのディープポイント！ まちがっている地名や特産品など、字をよく見て考えてみよう。今までのページから調べてもいいので答えてみよう。ダジャレ川柳には、都道府県名がかくれているよ。

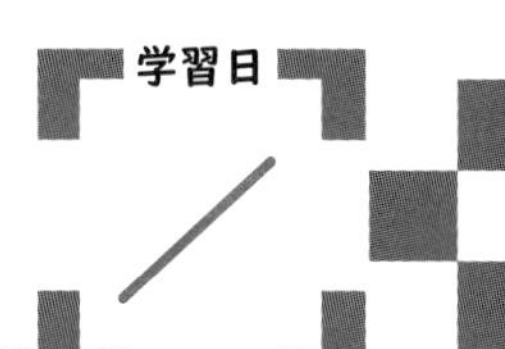

2 この地方から消えた都道府県(とどうふけん)を（　）に答えましょう。

（　　　　　）

3 次の農産物は、関東地方のある都道府県が日本一のものです。
[　　]から選(えら)んで答えましょう。

① いちご　（　　　　　）県
② 落花生(らっかせい)　（　　　　　）県
③ たまご　（　　　　　）県

茨城
栃木
千葉

4 次のダジャレ川柳(せんりゅう)はどこの県かを答えましょう。

① サクラソウ　季節(きせつ)はずれに　さいてたまげた ⇒（　　　　県）
② 中華街(ちゅうかがい)　ここのうまさにゃ　かながわない ⇒（　　　　県）
③ 草津(くさつ)の湯　どこにも負けん　ぐんまけん ⇒（　　　　県）
④ 落花生(らっかせい)　ここのおいしさ　いちばんだ ⇒（　　　　県）

関東地方③

1 次の地図は、関東(かんとう)地方にある主な高速道路を表しています。あとの問いに答えましょう。県名は［　　］から選(えら)んで答えましょう。

(1) 高速道路をえんぴつでなぞりましょう。

(2) ①の東名(とうめい)高速道路と②の関越(かんえつ)自動車道は、㋐から始まります。㋐はどこですか。

（　　　　　　）

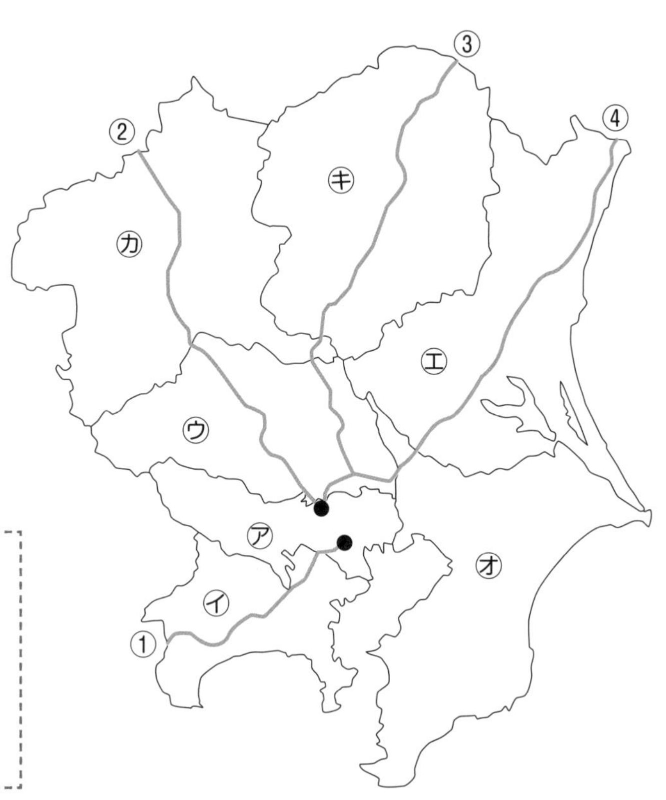

千葉(ちば)県	神奈川(かながわ)県
茨城(いばらき)県	東京(とうきょう)都
栃木(とちぎ)県	埼玉(さいたま)県
群馬(ぐんま)県	

(3) ①～④の高速道路が通る県名を書きましょう。

① 東名高速道路 … (㋐)→(㋑　　　　　　)

② 関越自動車道 … (㋐)→(㋒　　　　　　)→(㋕　　　　　　)

③ 東北(とうほく)自動車道 … (㋒)→(㋕)→(㋖　　　　　　)

④ 常磐(じょうばん)自動車道 … (㋒)→(㋔　　　　　　)→(㋓　　　　　　)

学びのディープポイント！　東名高速道路は、東京から愛知県を結んでいるよ。これと、愛知県と大阪府を結ぶ名神高速道路で、関東・中部・近畿地方を結んでおり、日本の大動脈とよばれているよ。全国にはりめぐらされた高速道路の名前も調べてみよう。

2 関東地方のクロスワードにチャレンジしましょう。

たてのかぎ1～3

1 宇都宮(うつのみや)市ではぎょうざがとても有名。

2 水戸納豆(みとなっとう)で有名な県。

3 尾瀬沼(おぜぬま)や草津温泉(くさつおんせん)が有名。

横のかぎ㋐～㋓

㋐ 箱根(はこね)や鎌倉(かまくら)などの観光地(かんこうち)がある。

㋑ 昔の町なみを残(のこ)す川越(かわごえ)市がある。

㋒ 日本の首都でたくさんの人が住んでいる。

㋓ ディズニーランドがある。また、成田国際空港(なりたこくさいくうこう)は日本のげんかん口。

☆ 上の□マスのひらがなをならべて、言葉をつくりましょう。

あ	い	う		え	お		え	う
			ざ			っ		

⑤ イメージマップ 都道府県　中部地方

中部地方の①〜⑨の県名をなぞりましょう。

（※は、県名と県庁所在地名が違うところです）

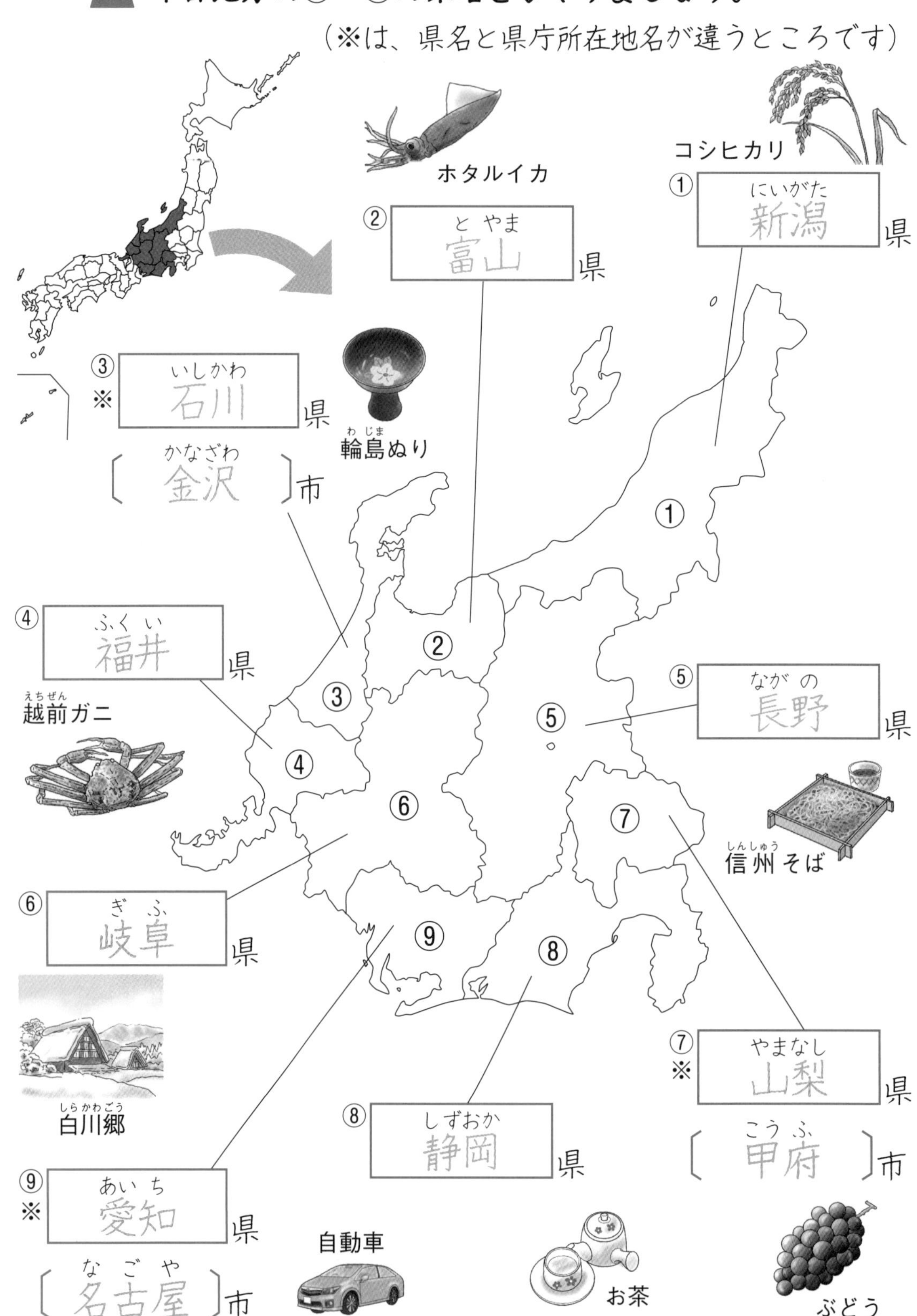

 地形名をなぞって、その場所をそれぞれの色でぬりましょう。

山地……オレンジ色
山脈……茶色
台地……灰色
平野……緑色
川・湖…青色

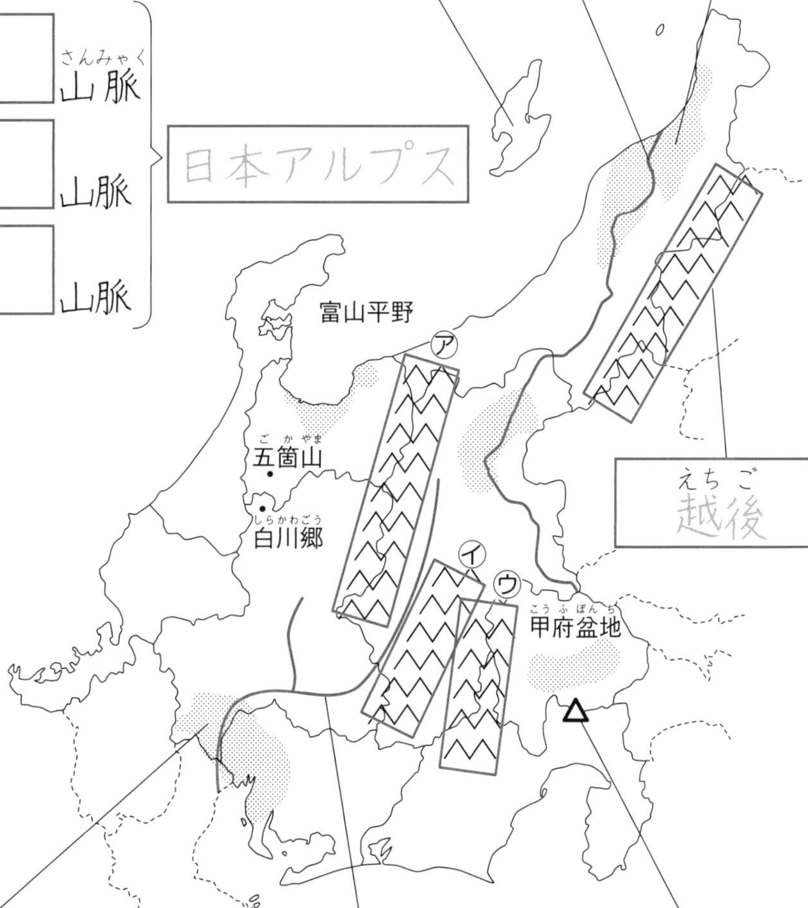

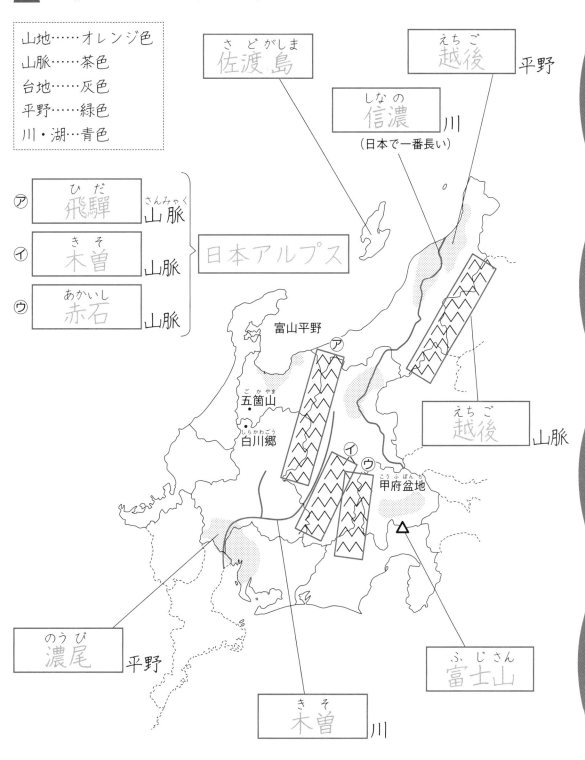

中部地方①

Ⅰ 次のシルエットになっている都道府県はどこですか。

② お茶

① 自動車

③ ぶどう

信州そば

④

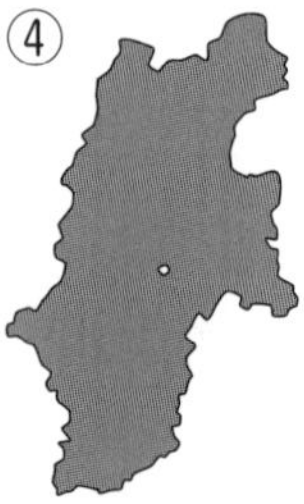

⑤   輪島ぬり

越前ガニ

コシヒカリ

白川郷

ホタルイカ

⑥

⑦

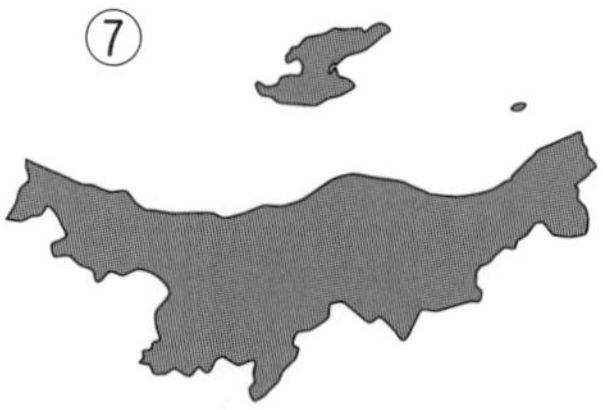

⑧

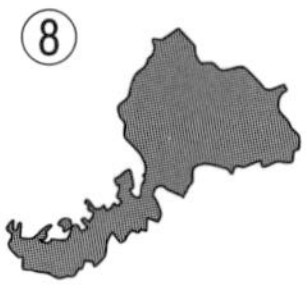

⑨

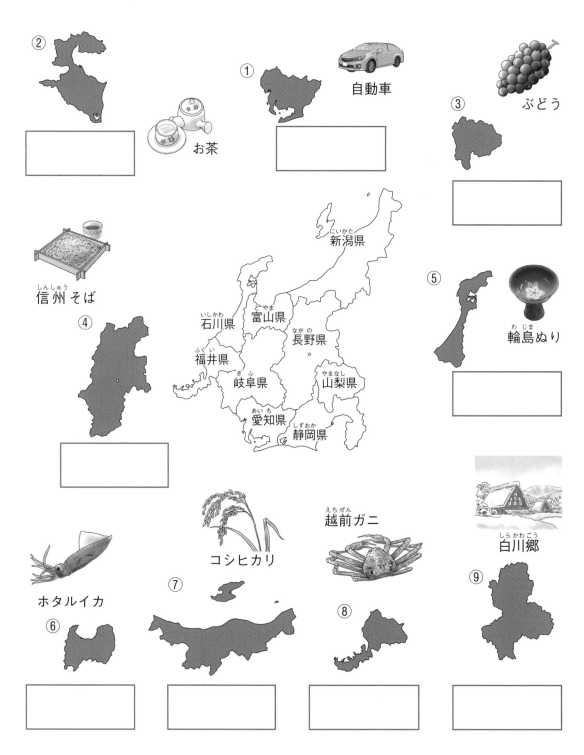

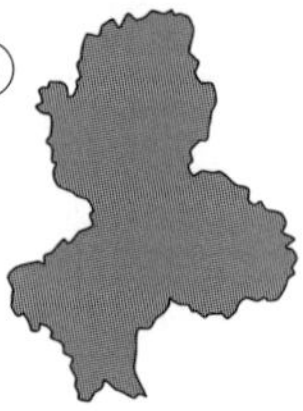

学びのディープポイント! 中部地方は、本州の真ん中にあり、日本の屋根とよばれる山脈があるよ。立地的に日本の真ん中にある静岡県は、感性なども日本人の平均と言われており、ここでアンケートをとるとちょうど平均的な意見になると言われているよ。

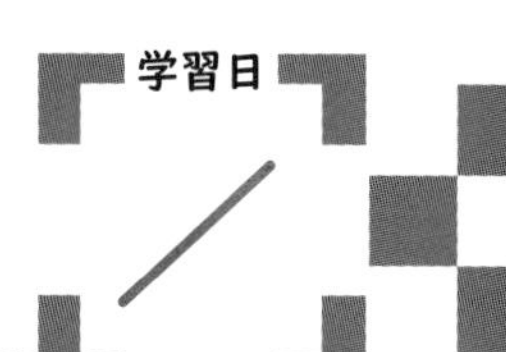

2 次のお国じまんは、どの県のことですか。県名を（　）に答えましょう。

① わたしのすむ（　　　）県は、お茶が有名で、お茶を飲みながら富士山（ふじさん）をながめるのは最高（さいこう）だよ。

② ぼくがすむ（　　　）県にある黒部（くろべ）ダムは、ドラマにもなったほど有名で観光（かんこう）名所になっているよ。

③ 親せきのすむ（　　　）県では、ぶどうやももなどたくさんのくだものがとれるよ。

④ （　　　）県は、自動車がたくさんつくられていて、名古屋城（なごやじょう）もごうかで好（す）きですよ。

3 次の地図を見て□に名前を⬚から選（えら）んで答えましょう。

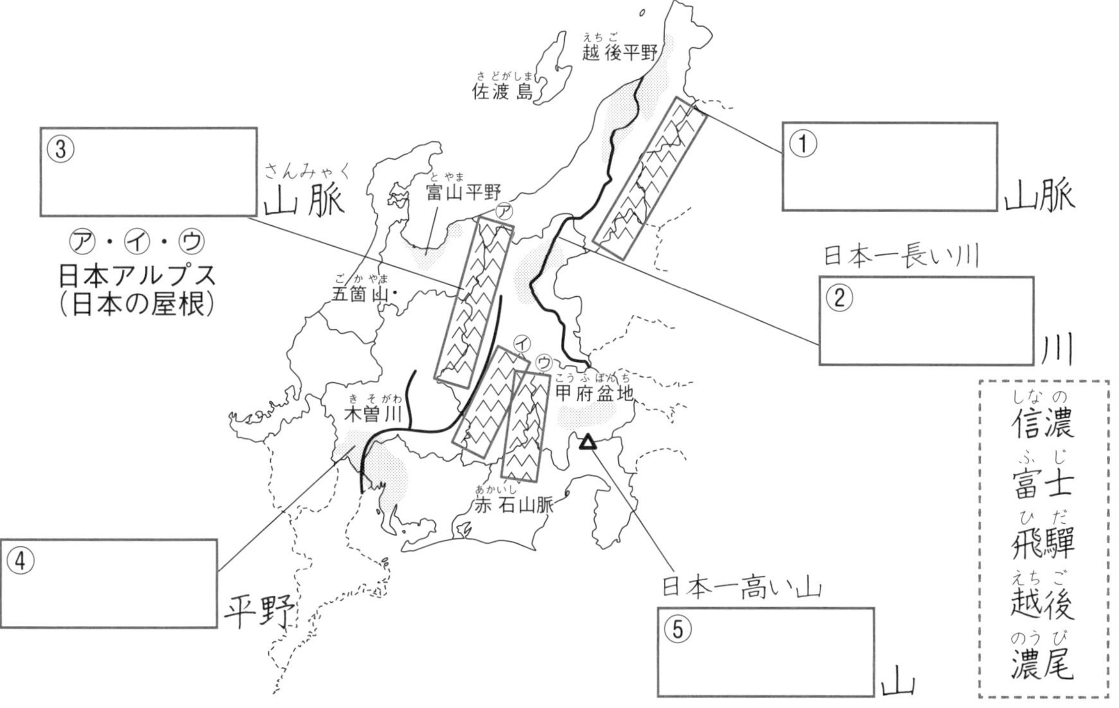

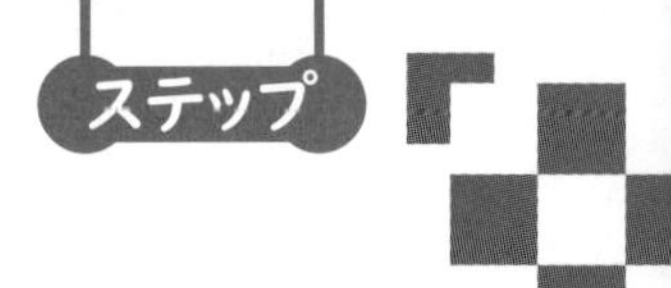

中部地方②

次の地図からまちがいを５つ見つけて○をつけ、□に正しく書き直しましょう。

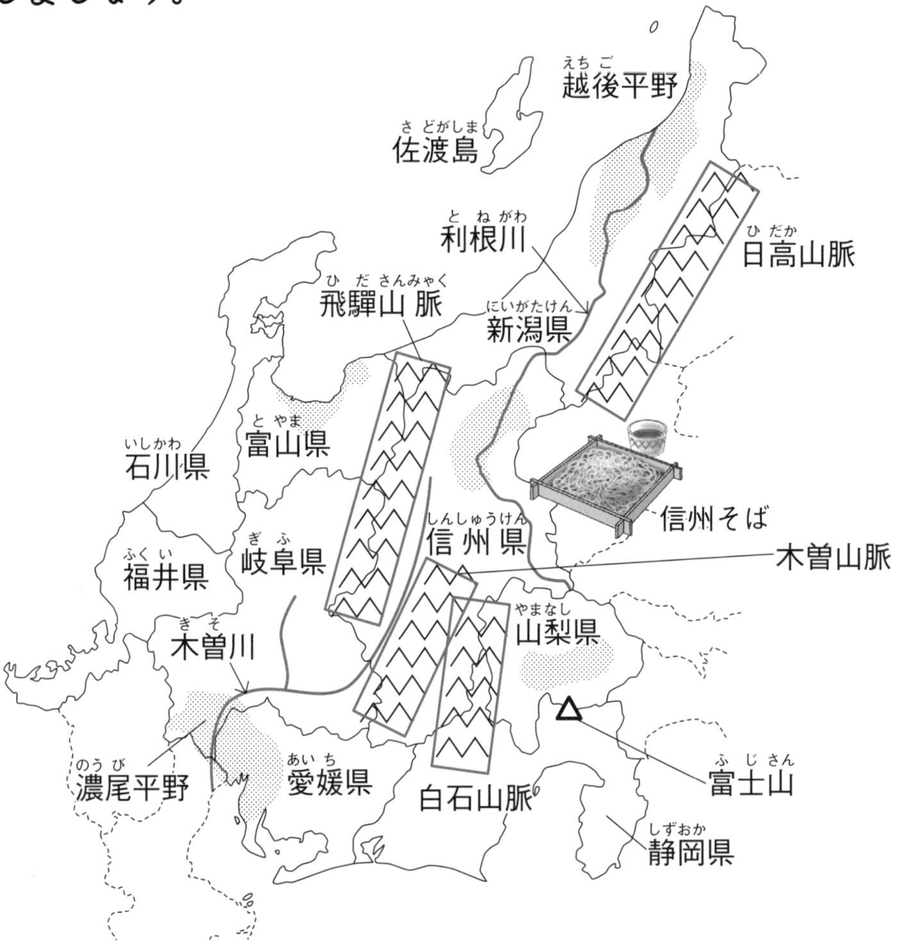

越後平野
佐渡島
利根川
日高山脈
飛騨山脈
新潟県
富山県
石川県
信州そば
信州県
木曽山脈
福井県
岐阜県
山梨県
木曽川
富士山
濃尾平野
愛媛県
白石山脈
静岡県

まちがっている言葉		正しい言葉
	➡	
	➡	
	➡	
	➡	
	➡	

学びのディープポイント！ まちがっている地名や特産品など、字をよく見て考えてみよう。今までのページから調べてもいいので答えてみよう。ダジャレ川柳には、都道府県名がかくれているよ。

2 この地方から消えた都道府県を（　）に答えましょう。

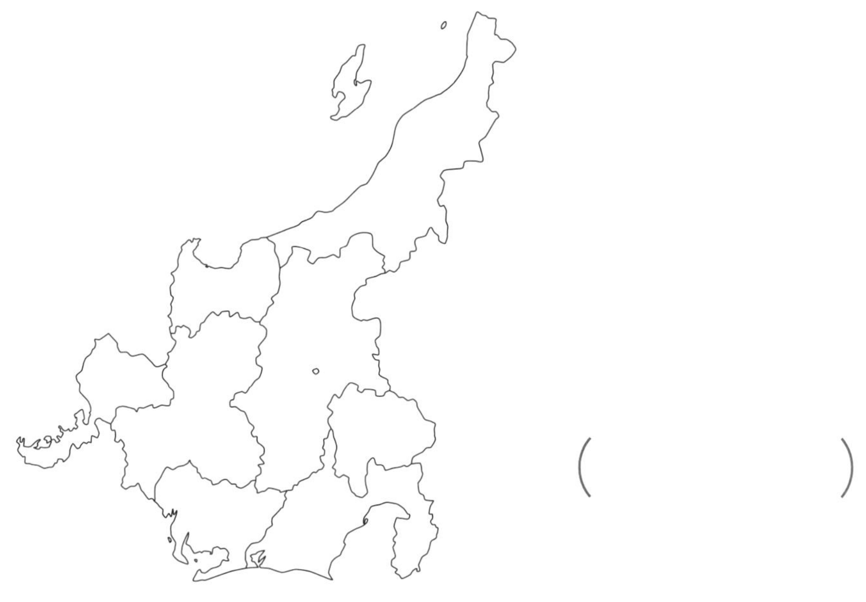

（　　　　　　）

3 次の農産物・工芸品は、中部地方のある都道府県が日本一のものです。[　]から選んで答えましょう。

① めがね　（　　　　　）県

② レタス　（　　　　　）県

③ 茶　（　　　　　）県

長野
静岡
福井

4 次のダジャレ川柳はどこの県かを答えましょう。

① 加賀の国　ダジャレで会話の　医師かわいい ⇒（　　　　県）

② ナシがほしい　ブドウとモモでも　やむなしか ⇒（　　　　県）

③ 自動車の　前に動物　あっちいけん ⇒（　　　　県）

④ 飛驒牛が　もらえてうれしい　ぎふとけん ⇒（　　　　県）

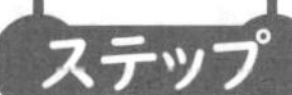

中部地方③

Ⅰ 次の中部地方の地図を見て、あとの問いに答えましょう。

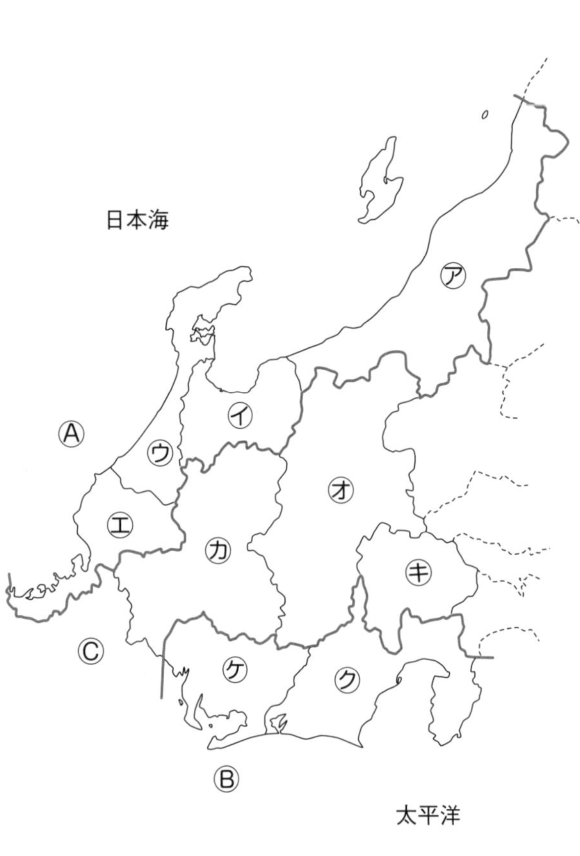

(1) となりあう県数が日本一の長野(ながの)県は、8つの県に囲(かこ)まれています。関東(かんとう)地方の群馬(ぐんま)県・埼玉(さいたま)県以外(いがい)の記号と県名を答えましょう。

記号	県名
	県
	県
	県
	県
	県
	県

(2) 中部地方を3つの地域(ちいき)に分けましょう。

Ⓐ 日本海に面した記号と県名（㋐と㋑以外）

□（　　　　）県　□（　　　　）県

Ⓑ 太平洋に面した記号と県名

□（　　　　）県　□（　　　　）県

Ⓒ 海に面していない記号と県名（㋖以外）

□（　　　　）県　□（　　　　）県

学びのディープポイント! 自動車の生産台数が一番といえば愛知県だね。世界遺産の白川郷も富山県の五箇山とセットで話されることが多いよ。

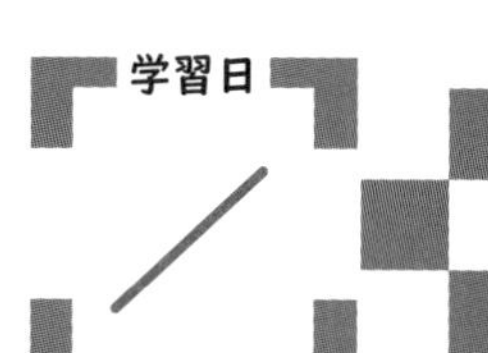

2 中部地方のクロスワードにチャレンジしましょう。

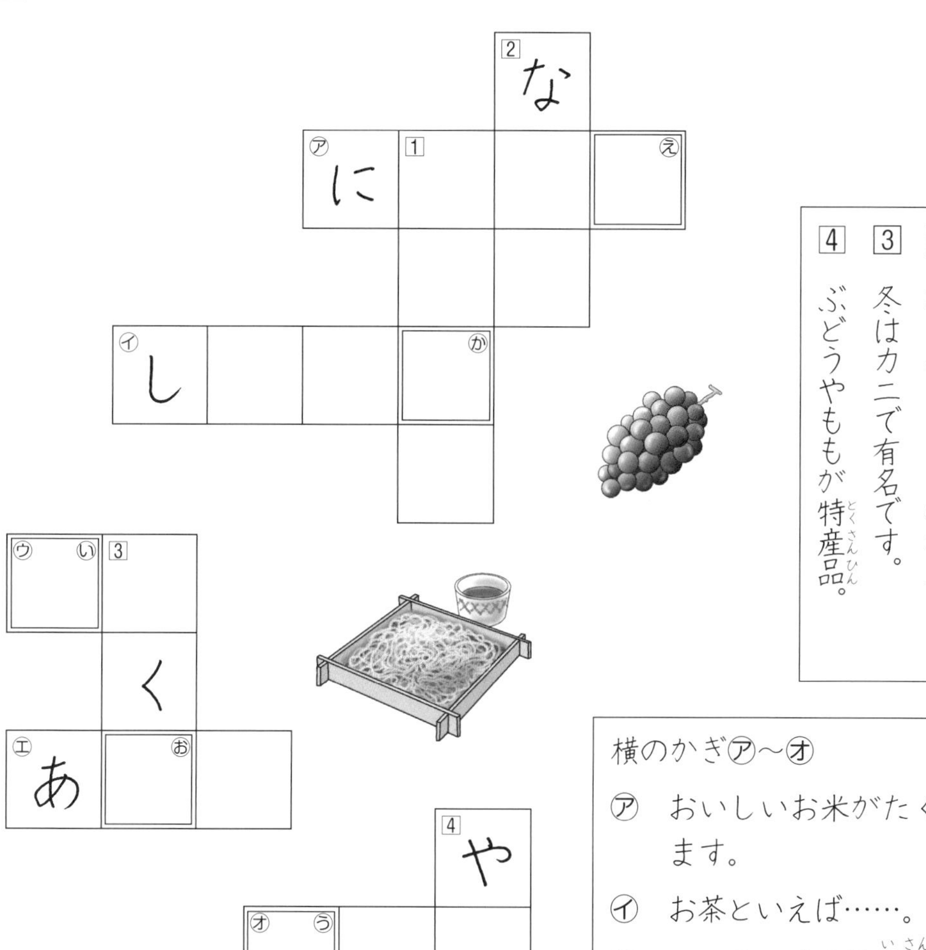

4 や
オ う
あ

たてのかぎ1～4

1 能登(のと)半島がつき出ています。

2 高い山とりんごが有名。

3 冬はカニで有名です。

4 ぶどうやももが特産品(とくさんひん)。

横のかぎア～オ

ア おいしいお米がたくさん取れます。

イ お茶といえば……。

ウ この県には世界遺産(いさん)「白川郷(しらかわごう)」があります。

エ 自動車の生産が日本一です。

オ チューリップのさいばいがさかんな県です。

☆ 上の□マスのひらがなを書きましょう。

	あ	い	う		え		お	か
う				ほ		る		

⑤ イメージマップ 都道府県　近畿地方

近畿地方の①～⑦の府・県名をなぞりましょう。
（※は、県名と県庁所在地名が違うところです）

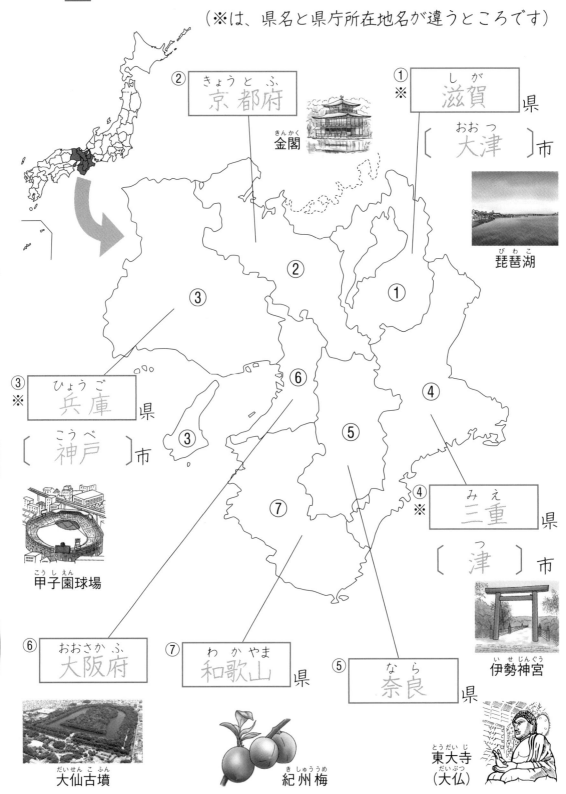

① ※ 滋賀（しが）県　〔大津（おおつ）〕市

② 京都府（きょうとふ）

③ ※ 兵庫（ひょうご）県　〔神戸（こうべ）〕市

④ ※ 三重（みえ）県　〔津（つ）〕市

⑤ 奈良（なら）県

⑥ 大阪府（おおさかふ）

⑦ 和歌山（わかやま）県

金閣（きんかく）

琵琶湖（びわこ）

甲子園球場（こうしえん）

伊勢神宮（いせじんぐう）

大仙古墳（だいせんこふん）

紀州梅（きしゅううめ）

東大寺（とうだいじ）（大仏（だいぶつ））

地形名をなぞって、その場所をそれぞれの色でぬりましょう。

山地……オレンジ色
山脈……茶色
台地……灰色
平野……緑色
川・湖…青色

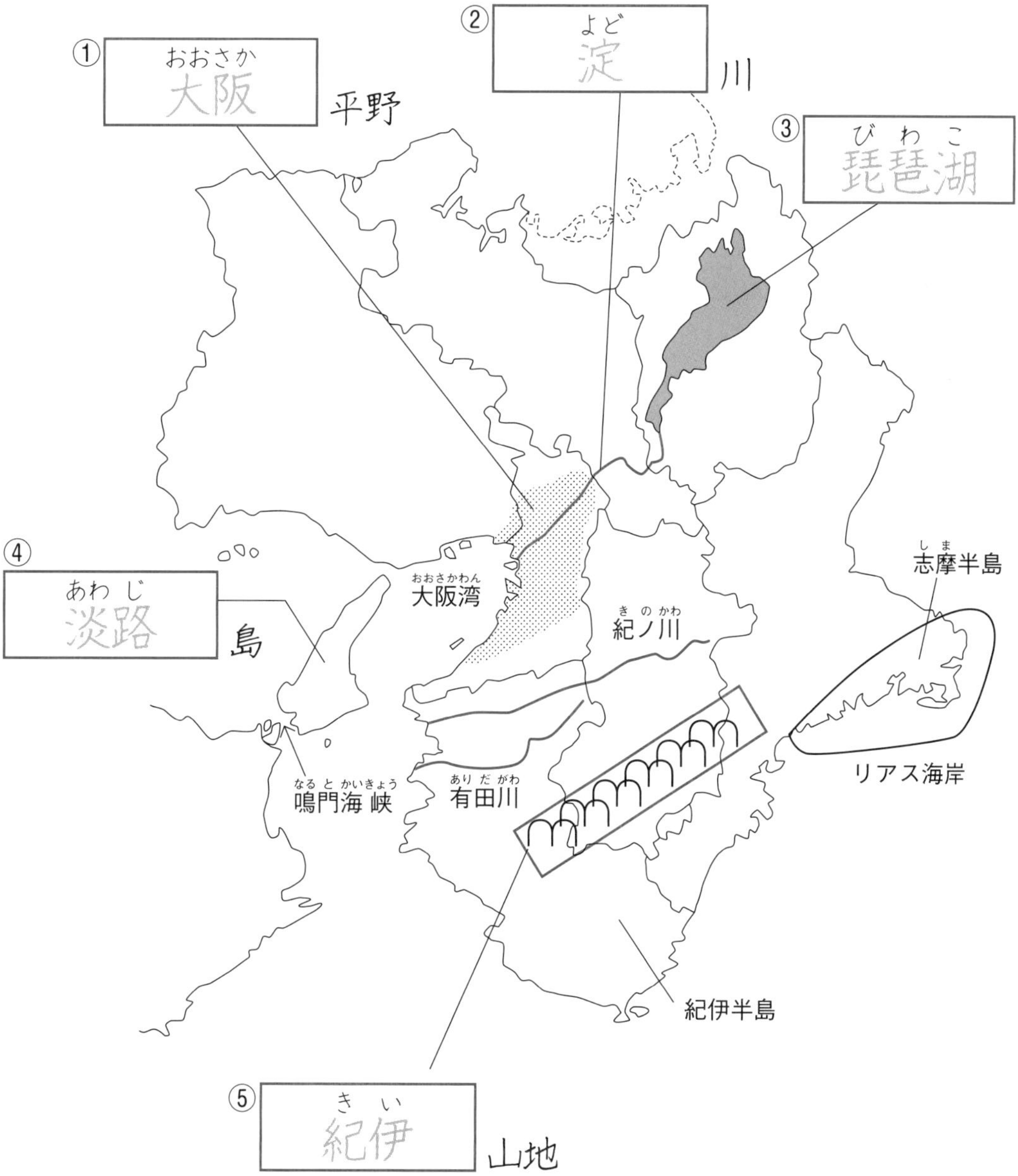

近畿地方①

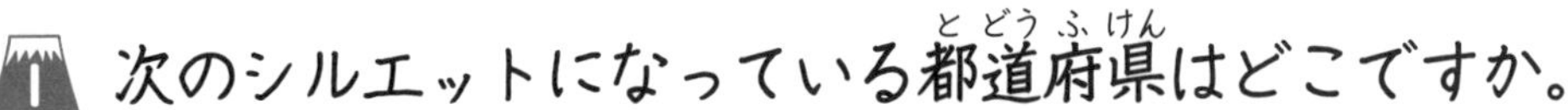

1 次のシルエットになっている都道府県(とどうふけん)はどこですか。

琵琶湖(びわこ)

東大寺(とうだいじ)（大仏(だいぶつ)）

みかん

①

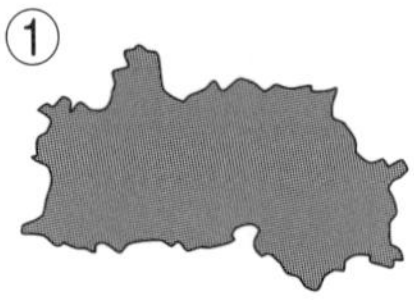

②

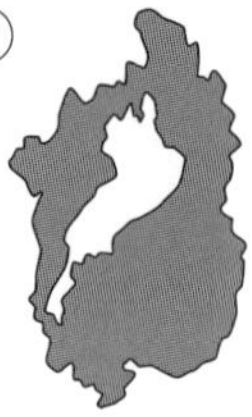

③

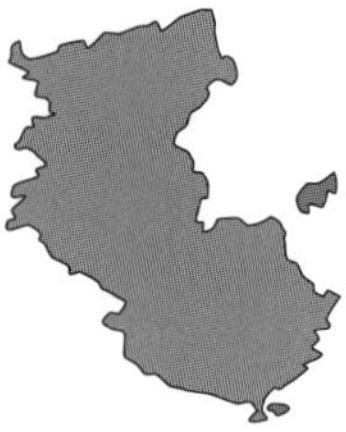

京都府(きょうとふ)
滋賀県(しがけん)
兵庫県(ひょうごけん)
大阪府(おおさかふ)
三重県(みえけん)
奈良県(ならけん)
和歌山県(わかやまけん)

④

大仙古墳(だいせんこふん)（仁徳天皇陵(にんとくてんのうりょう)）

⑤

伊勢神宮(いせじんぐう)

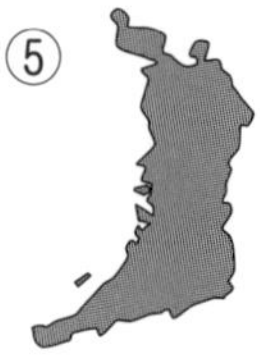

⑥

金閣(きんかく)

⑦

甲子園球場(こうしえん)

学びのディープポイント！ 近畿地方には、日本で２番目の都市である大阪府があるね。京都、奈良、大阪と経済だけでなく、昔は政治の中心だった場所が多いことから、歴史的な建造物も多い地域だよ。日本最大の湖、琵琶湖もあるよ。

2 次の人たちが行こうとしている都道府県名を答えましょう。

①（　　　）府の岸和田(きしわだ)では、秋に「だんじり祭り」があります。関西国際空港(かんさいこくさいくうこう)からも近いので、飛行機(ひこうき)で行くつもりです。

②（　　　）県の世界遺産(いさん)の熊野古道(くまのこどう)を歩きたいと思っています。那智(なち)の滝(たき)を見るのを楽しみしています。

③肉が大好(だいす)きなので、神戸牛(こうべうし)や但馬牛(たじまうし)を食(た)べに（　　　）県に行こうと思っています。

④伊勢神宮のある（　　　）県に行って、志摩(しま)半島で真珠(しんじゅ)を買いに行こうと思っています。

3 次の地図を見て［　　］に名前を［　　］から選(えら)んで答えましょう。

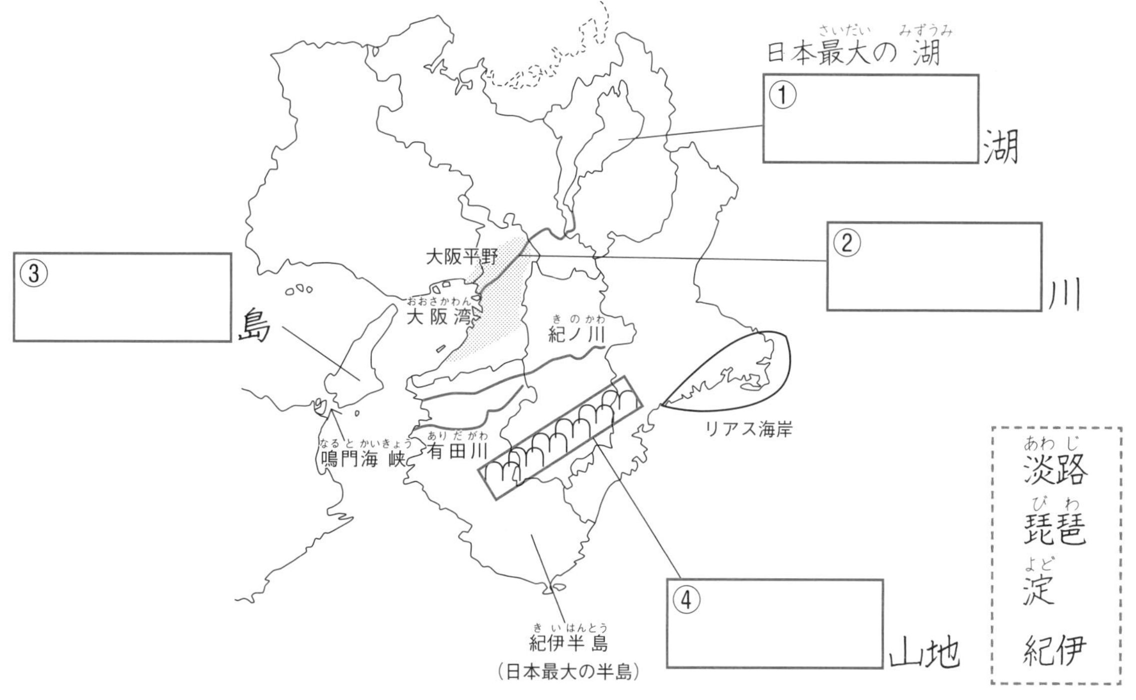

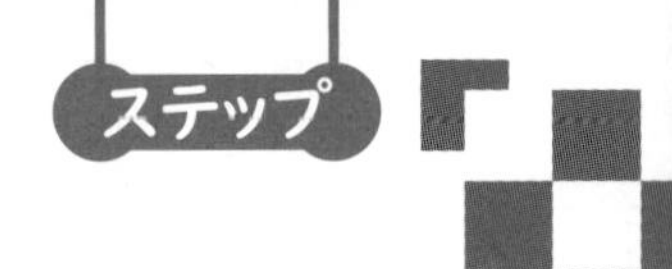

近畿地方②

1 次の地図からまちがいを５つ見つけて○をつけ、□に正しく書き直しましょう。

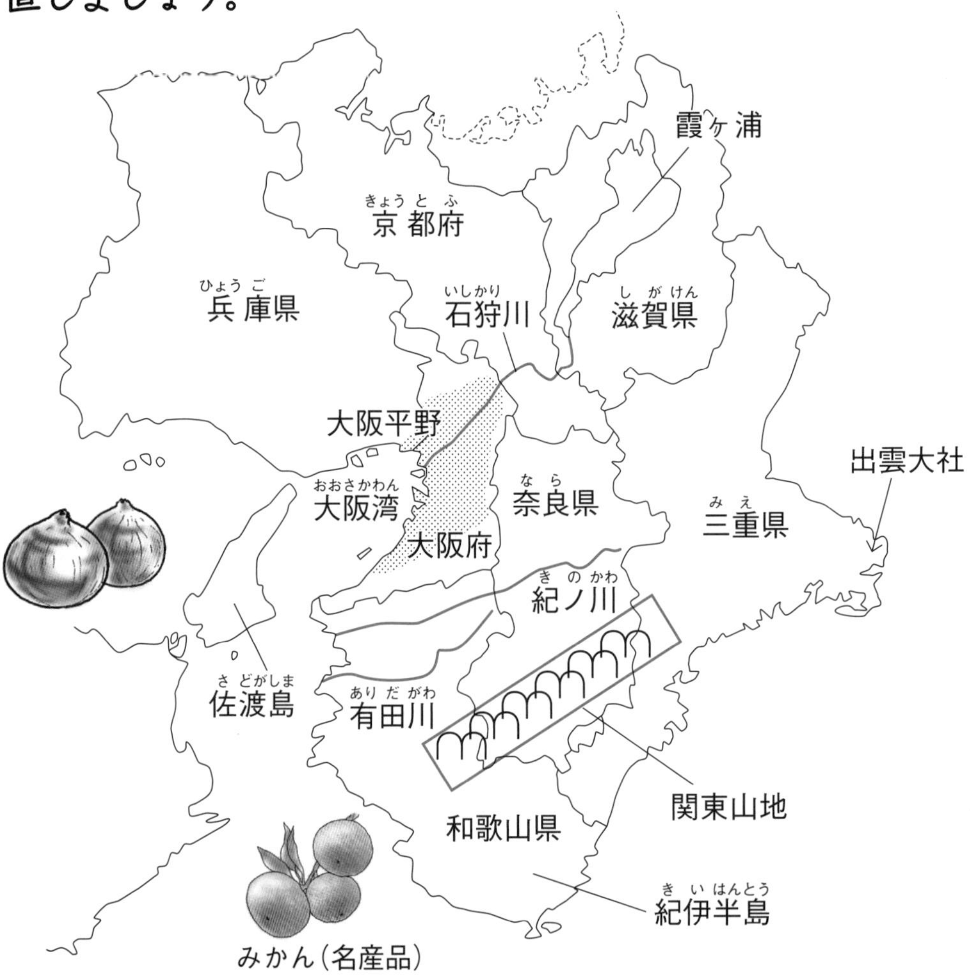

まちがっている言葉		正しい言葉
	➡	
	➡	
	➡	
	➡	
	➡	

学びのディープポイント! まちがっている地名や特産品など、字をよく見て考えてみよう。今までのページから調べてもいいので答えてみよう。ダジャレ川柳には、都道府県名がかくれているよ。

2 この地方から消えた都道府県を（　）に答えましょう。

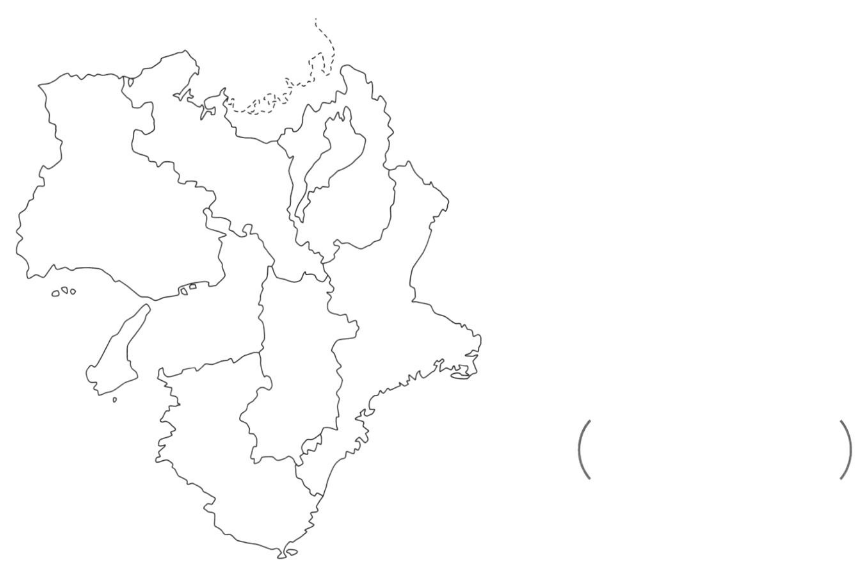

（　　　　　　）

3 次の物は、近畿地方のある都道府県が日本一のものです。［　　］から選んで答えましょう。

① みかん （　　　　　　）県

② ずわいがに （　　　　　　）県

③ くつした （　　　　　　）県

奈良
和歌山
兵庫

4 次のダジャレ川柳はどこの府県かを答えましょう。

① 琵琶湖にて　つきさす日ざし　しがいせん　⇒（　　　　県）

② 金閣で　きのう八ツ橋　きょうとうふ　⇒（　　　　府）

③ 秀吉も　びっくりこける　おおっ！　さかだ　⇒（　　　　府）

④ 大仏見に　お寺にならんで　おならがまん　⇒（　　　　県）

近畿地方③

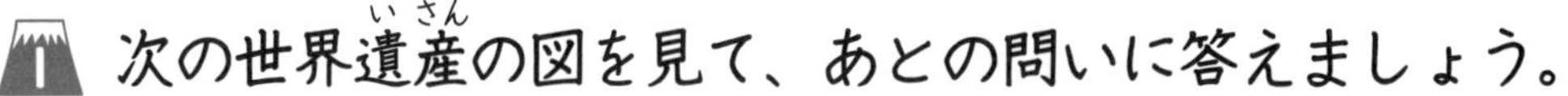

Ⅰ 次の世界遺産の図を見て、あとの問いに答えましょう。

(1) 古都Ⓐ・Ⓑのまわりの①～⑤の都道府県名を答えましょう。

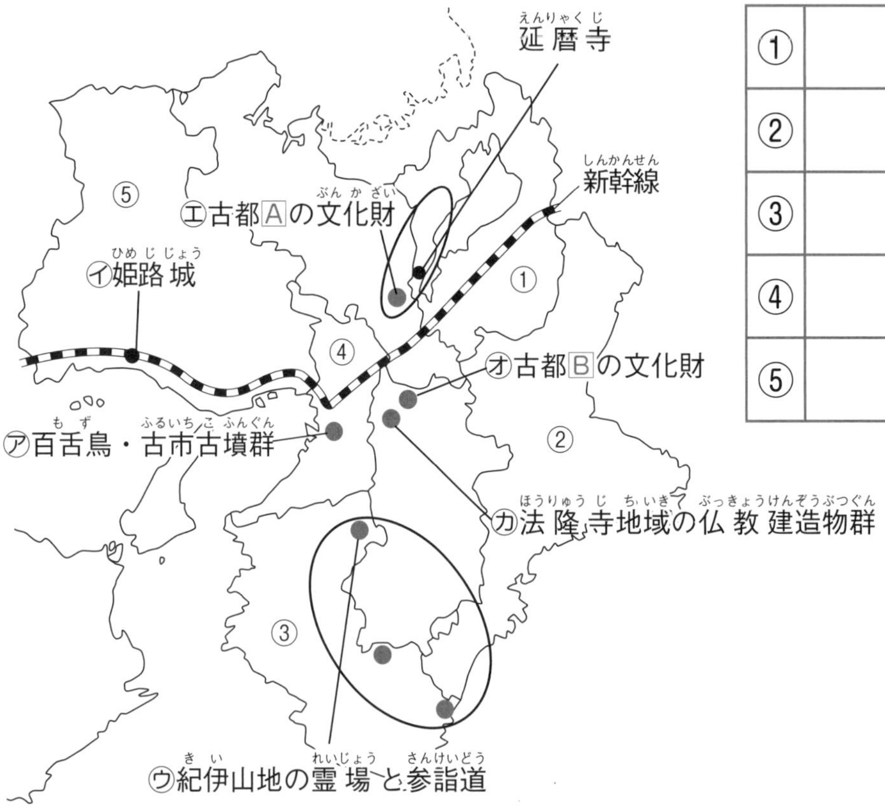

①	
②	
③	
④	
⑤	

(2) 次の（　）にあてはまる都道府県名を答えましょう。

近畿の「畿」には、「都」という意味があります。

昔（Ⓐ　　　　）と（Ⓑ　　　　）には都があったので、「近畿」とは、その都の近くという意味なのです。

(3) 次の府県を回ると見られる世界遺産を、記号で答えましょう。

①兵庫県⇒□　②大阪府⇒□　③京都府・滋賀県⇒□

④奈良県⇒□・□　⑤奈良県・和歌山県・三重県⇒□

学びのディープポイント！ 歴史的な建造物が多いことから、世界遺産にも多く登録されているよ。今現在でも、有名な野球場やテーマパークがあり、観光都市としてもさかえているね。

2 近畿地方のクロスワードにチャレンジしましょう。

たてのかぎ1～3

1 たこ焼きやお好み焼きがおいしいね。

2 世界遺産の姫路城があって、神戸(こうべ)牛もおいしいよ。

3 伊勢神宮(いせじんぐう)に行って、伊勢えびを食べたいな。

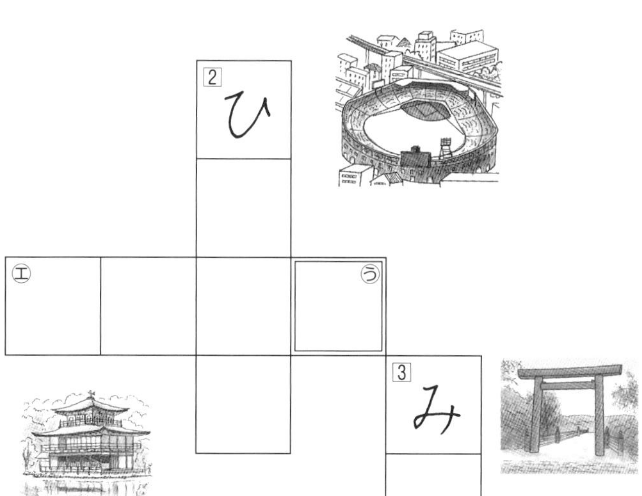

横のかぎ㋐～㋓

㋐ 日本最大(さいだい)の琵琶湖(びわこ)があるよ。

㋑ 東大寺の大仏の大きさにはびっくり。

㋒ みかんの生産量日本一だし、南高梅(なんこうばい)も有名です。

㋓ 金閣(きんかく)をはじめ、たくさんの世界遺産があるよ。

☆ 上の□マスのひらがなをならべて、言葉をつくりましょう。

あ	い	う	え		お	
				で		こ

⑤ イメージマップ 都道府県　中国・四国地方

中国・四国地方の①～⑨の県名をなぞりましょう。

（※は、県名と県庁所在地名が違うところです）

 地形名をなぞって、その場所をそれぞれの色でぬりましょう。

山地……オレンジ色
山脈……茶色
台地……灰色
平野……緑色
川・湖…青色

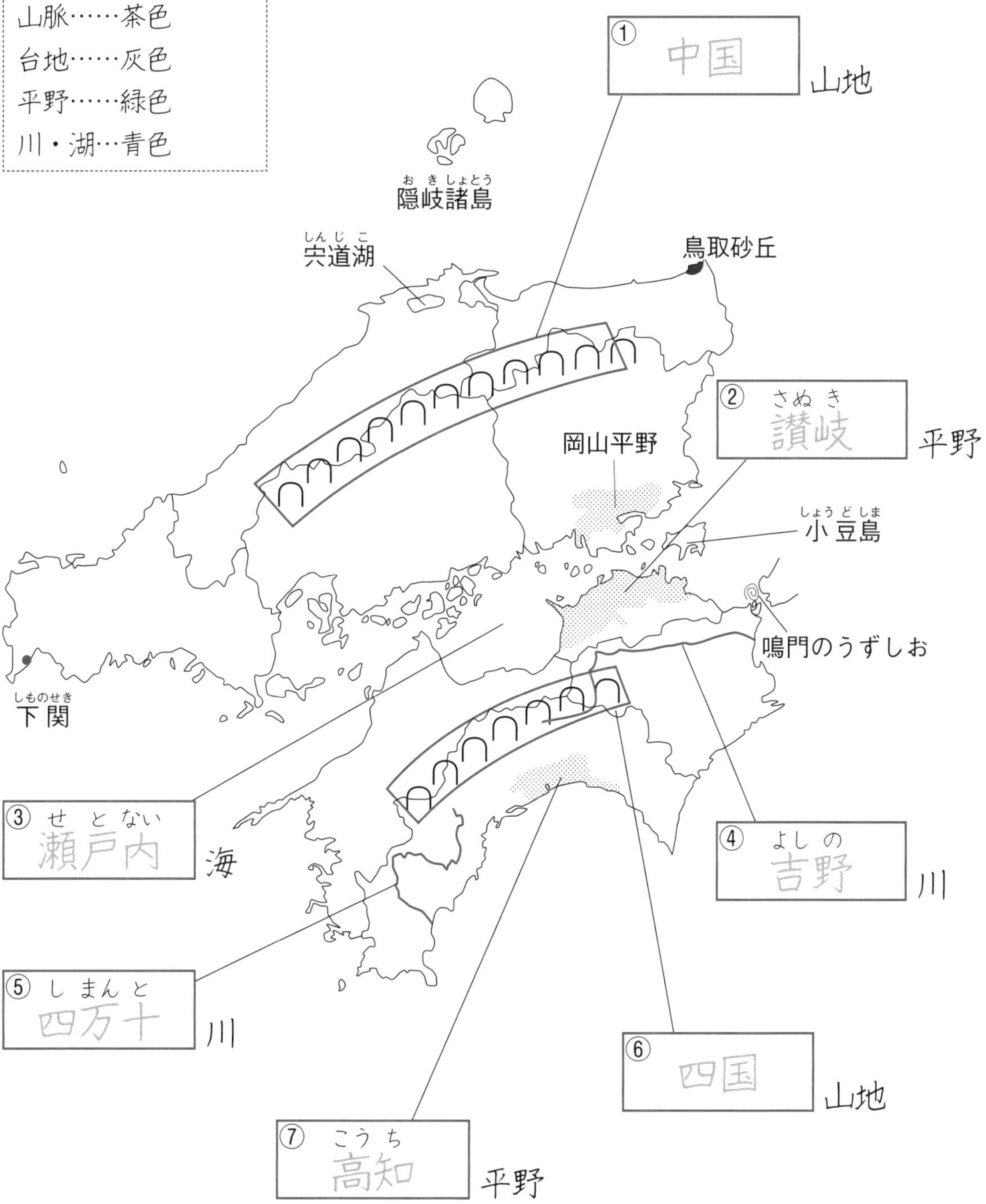

ステップ

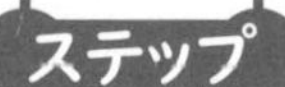

中国・四国地方①

次のシルエットになっている都道府県(とどうふけん)はどこですか。

もも太郎(たろう)

①

カツオ

ふぐ

③

②

みかん

出雲大社(いずもたいしゃ)

④

⑤

讃岐(さぬき)うどん

鳥取砂丘(さきゅう)

原爆(げんばく)ドーム

鳴門(なると)のうずしお

⑥

⑦

⑧

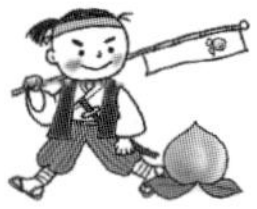

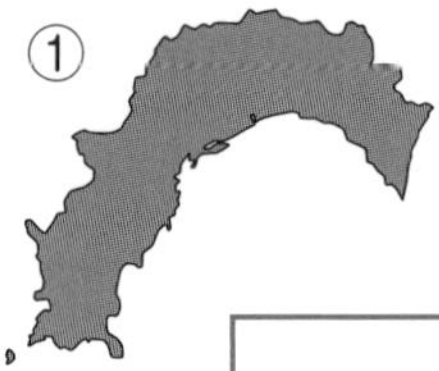

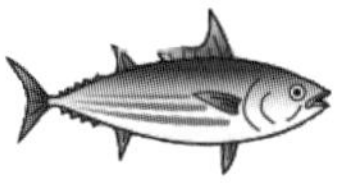

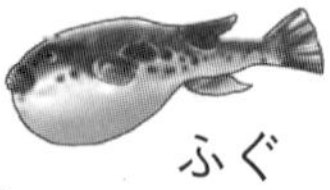

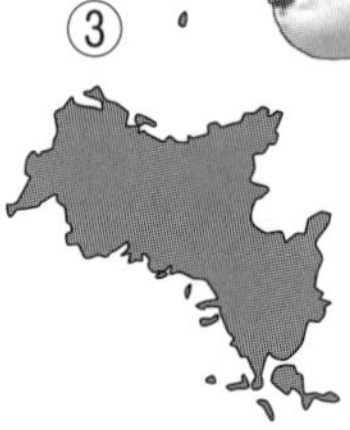

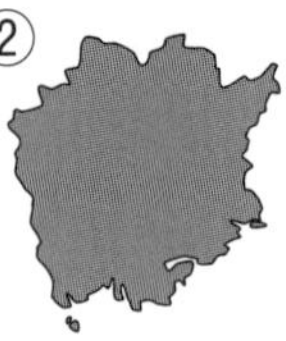

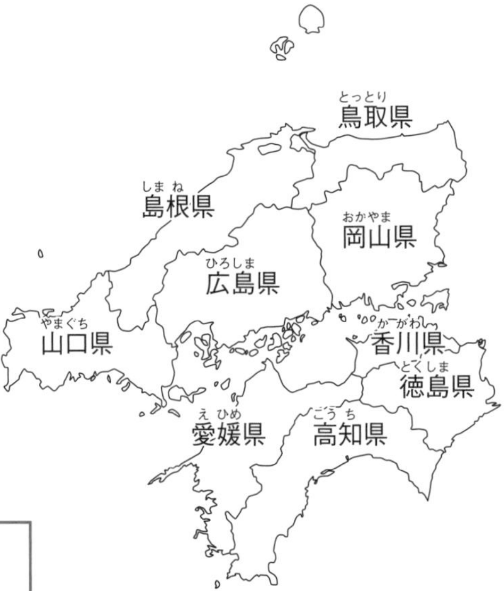

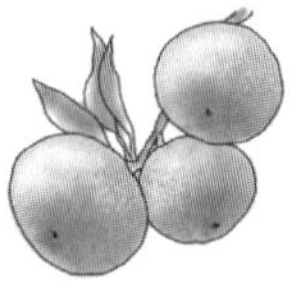

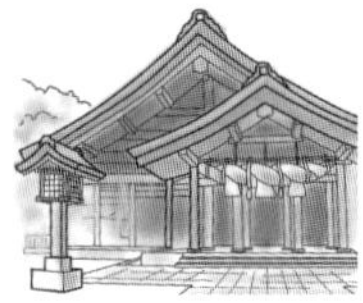

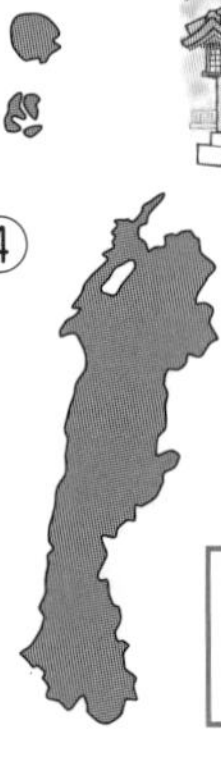

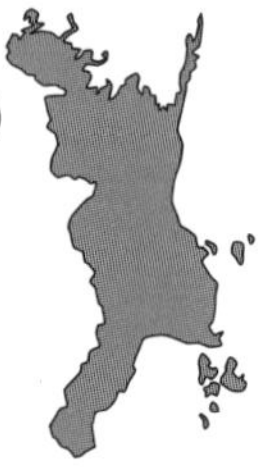

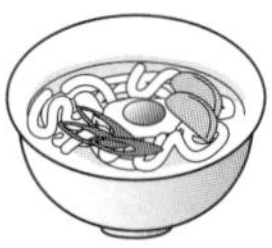

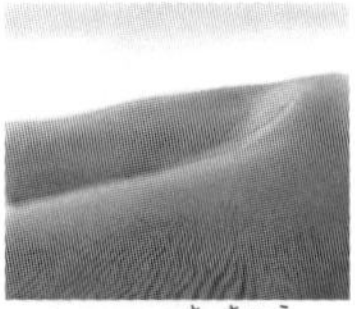

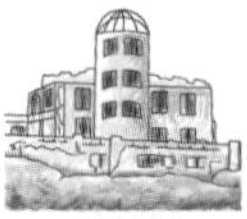

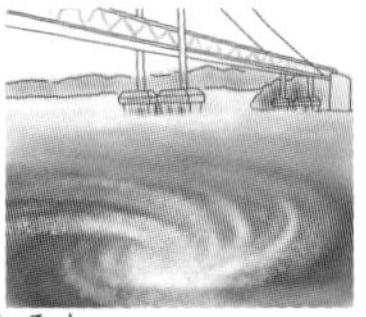

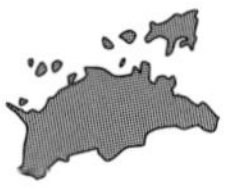

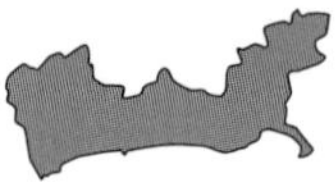

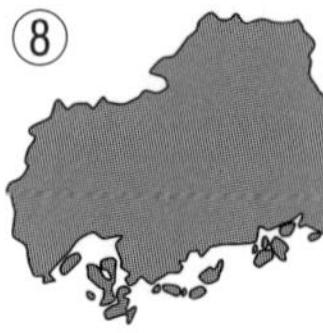

⑨

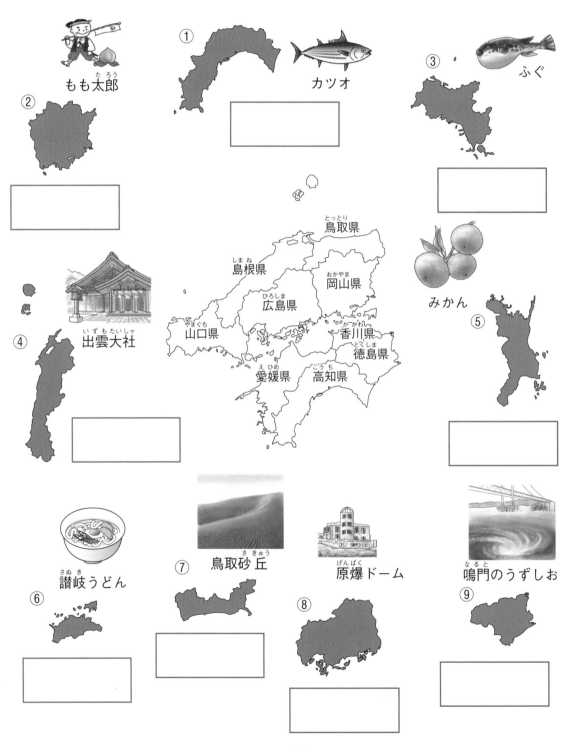

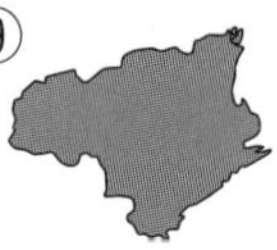

学びのディープポイント！ 中国・四国地方は、瀬戸内海があり、おだやかな気候をしているよ。すべての県が海に面しているので、高知県のカツオや島根県のしじみ、鳴門のうずしおなど、海に関するものも有名だね。

2 次の人たちが行こうとしてる県名を（　）に答えましょう。

① （　　　）県の道後温泉に入って、そのあとは伊予かんを食べに行くつもりだよ。

② 夏に、（　　　）県のよさこい祭りを見てから（　　　）県の阿波おどりを見るのが楽しみ。

③ マンガ王国といわれていて、「ゲゲゲの鬼太郎」や「名探偵コナン」などに関係するところが多いので、（　　　）県に行きたいな。

④ 10月は「神無月」とよばれていますが、全国の神々が出雲大社に集まってくるので、そのときに（　　　）県に行こうと思っているよ。

3 次の地図を見て□に名前を⬚から選んで答えましょう。

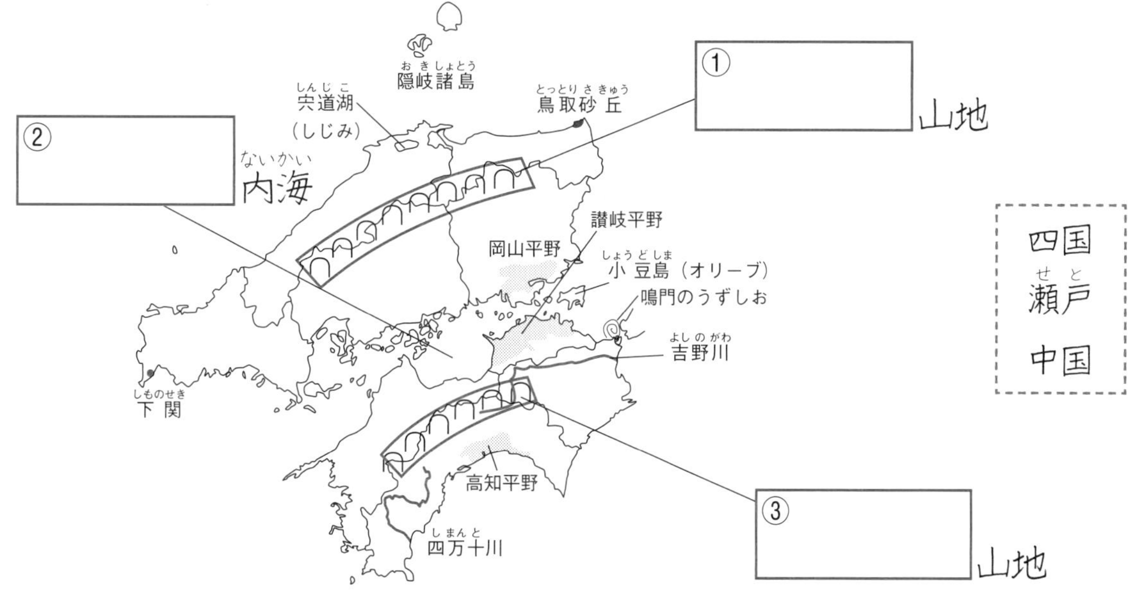

中国・四国地方②

1 次の地図からまちがいを５つ見つけて○をつけ、□に正しく書き直しましょう。

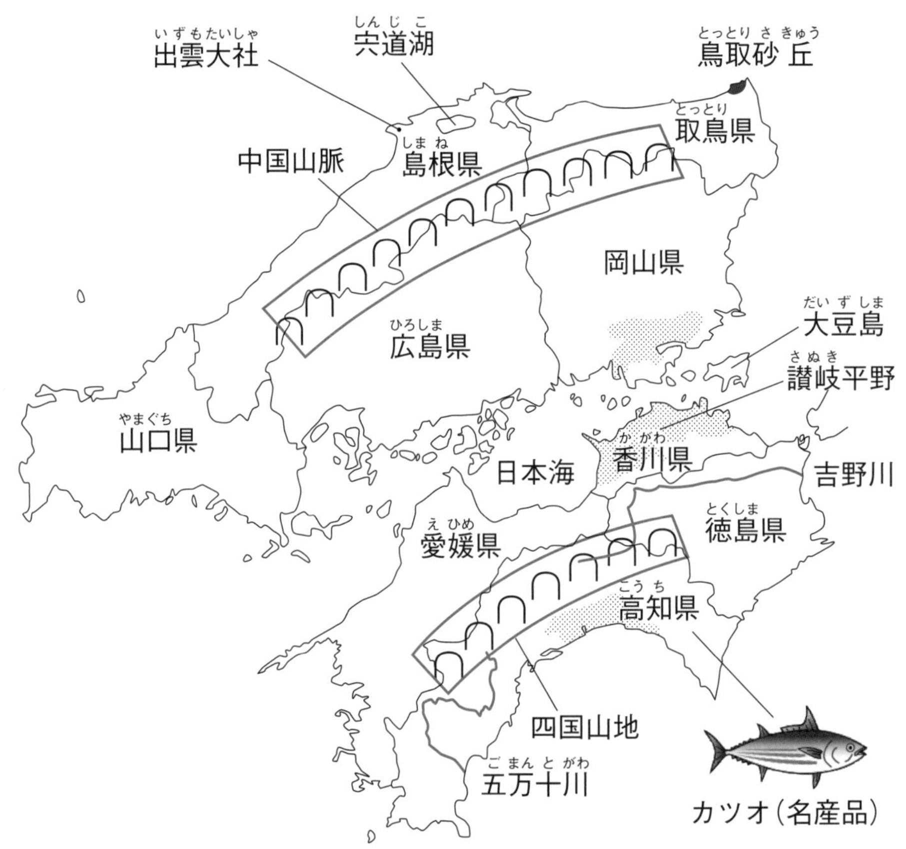

まちがっている言葉		正しい言葉
	➡	
	➡	
	➡	
	➡	
	➡	

<u>**学びのディープポイント！**</u> まちがっている地名や特産品など、字をよく見て考えてみよう。今までのページから調べてもいいので答えてみよう。ダジャレ川柳には、都道府県名がかくれているよ。

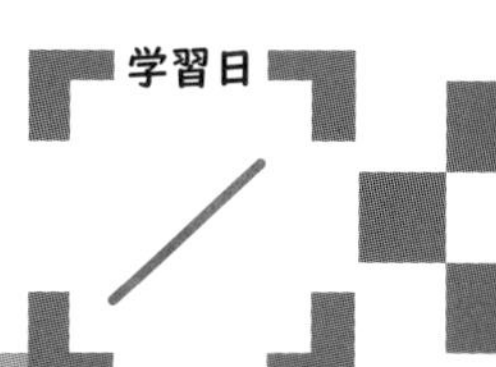

2 この地方から消えた都道府県を（　）に答えましょう。

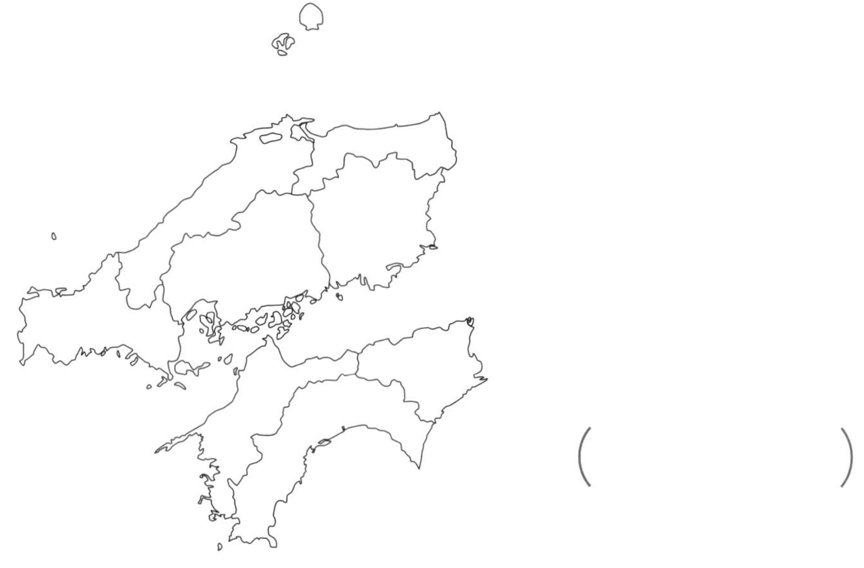

（　　　　　　）

3 次の農水産物の生産量が中国・四国地方で日本一の都道府県を［　］から選んで答えましょう。

① カキ　（　　　　　）県

② ふぐ　（　　　　　）県

③ 伊予かん　（　　　　　）県

［愛媛　広島　山口］

4 次のダジャレ川柳はどこの県かを答えましょう。

① ナシにカニ　遠りょはなしで　すきにとっとり ⇒（　　　　県）

② ふぐ食べて　おなかいっぱい　がま口空っぽ ⇒（　　　　県）

③ うずしおと　阿波おどり見て　とくしました ⇒（　　　　県）

④ こんぴらで　うどんのおかわり　おいかがわ ⇒（　　　　県）

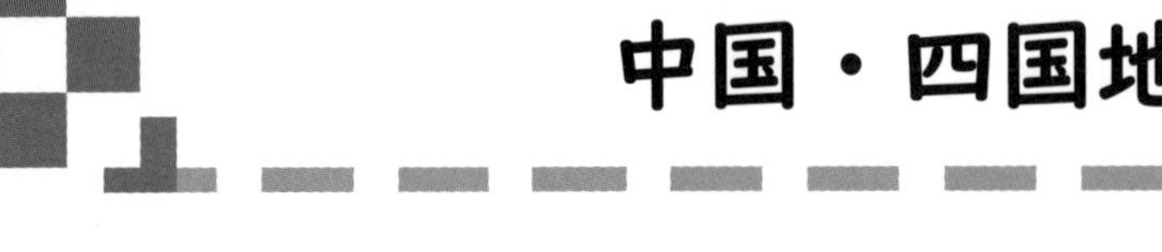

中国・四国地方③

Ⅰ 次の地図を見て、あとの問いに答えましょう。

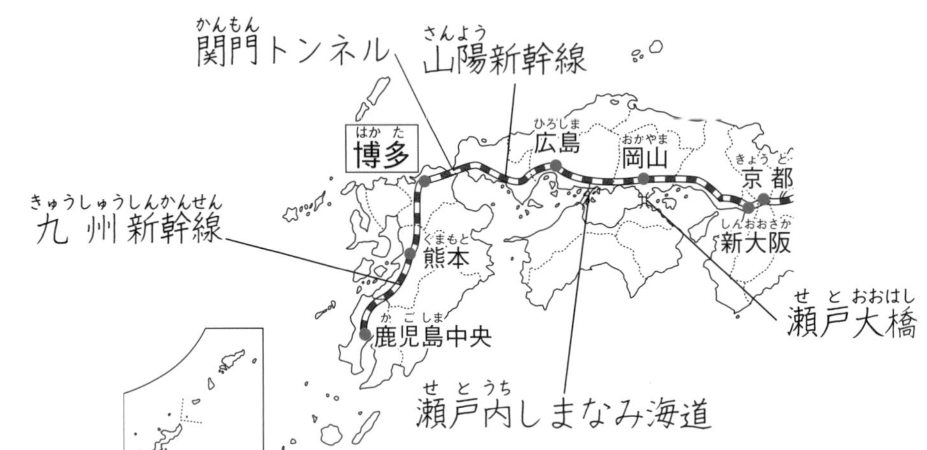

(1)　昔の国の名前が残っているところに行こうと思っています。次の①～③は、何県にありますか。

①　石見(いわみ)銀山(ぎんざん)と出雲(いずも)大社(たいしゃ)　（　　　　　）県

②　安芸(あき)の宮島(みやじま)（厳島神社(いつくしまじんじゃ)）　（　　　　　）県

③　備前焼(びぜんやき)　（　　　　　）県

(2)　四国は、伊予(いよ)かんやすだち、ゆずなどのみかんの仲間(なかま)のさいばいがさかんです。①と②はどこの県の特産品(とくさんひん)ですか。

①　すだち　（　　　　　）県　　②　ゆず　（　　　　　）県

(3)　次の連絡橋(れんらくきょう)やトンネルが結(むす)んでいる都道府県(とどうふけん)名を答えましょう。

①　瀬戸内しまなみ海道…広島県と（　　　　　）県

②　瀬戸大橋　…岡山県と（　　　　　）県

③　関門トンネル　…福岡(ふくおか)県と（　　　　　）県

学びのディープポイント！ ここは、本州と四国・九州とをつなぐ要所なので、海を越えるための橋やトンネルが開通しており、人や物の移動がしやすくなっているよ。

2 中国・四国地方のクロスワードにチャレンジしましょう。

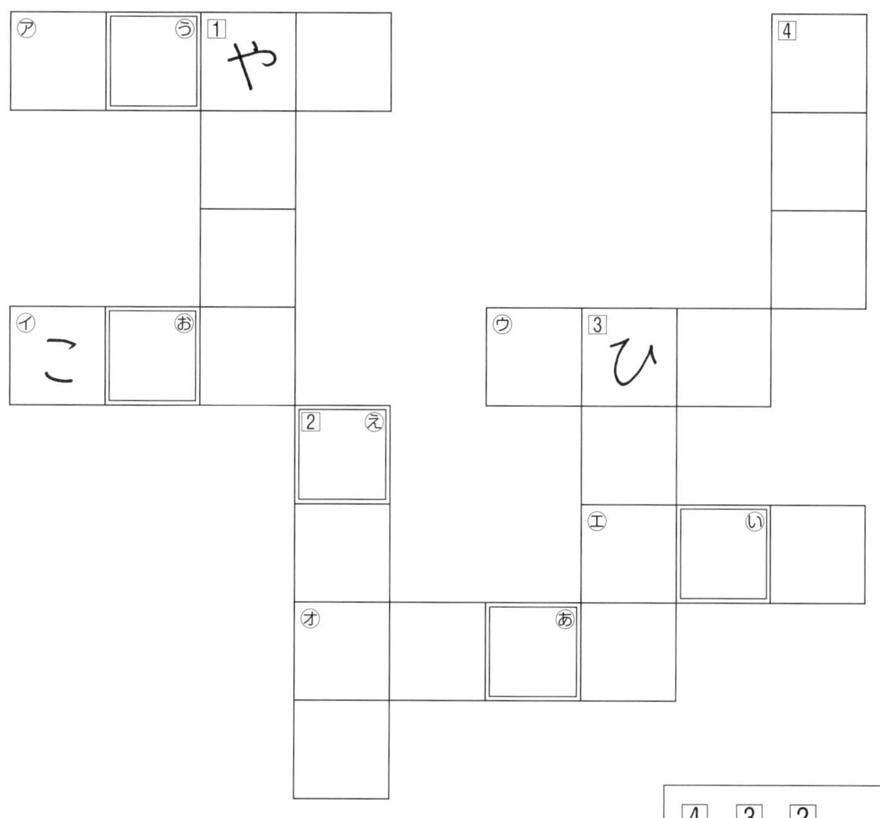

横のかぎア～オ

ア もも太郎(たろう)が有名です。

イ カツオがよくとれます。

ウ 坊(ぼ)っちゃん列車が走っています。

エ 出雲大社(いずもたいしゃ)があります。

オ 阿波(あわ)おどりが有名です。

たてのかぎ1～4

1 中国地方の一番西にある県です。

2 砂丘(さきゅう)といえば…。

3 原爆(げんばく)ドームが有名です。

4 讃岐(さぬき)うどんが名物です。

☆ 上の□マスのひらがなをならべて、言葉をつくりましょう。

あ	い			う		え	お
		な	み		い	゛	

⑤ イメージマップ 都道府県　九州地方

九州地方の①～⑧の県名をなぞりましょう。

（※は、県名と県庁所在地名が違うところです）

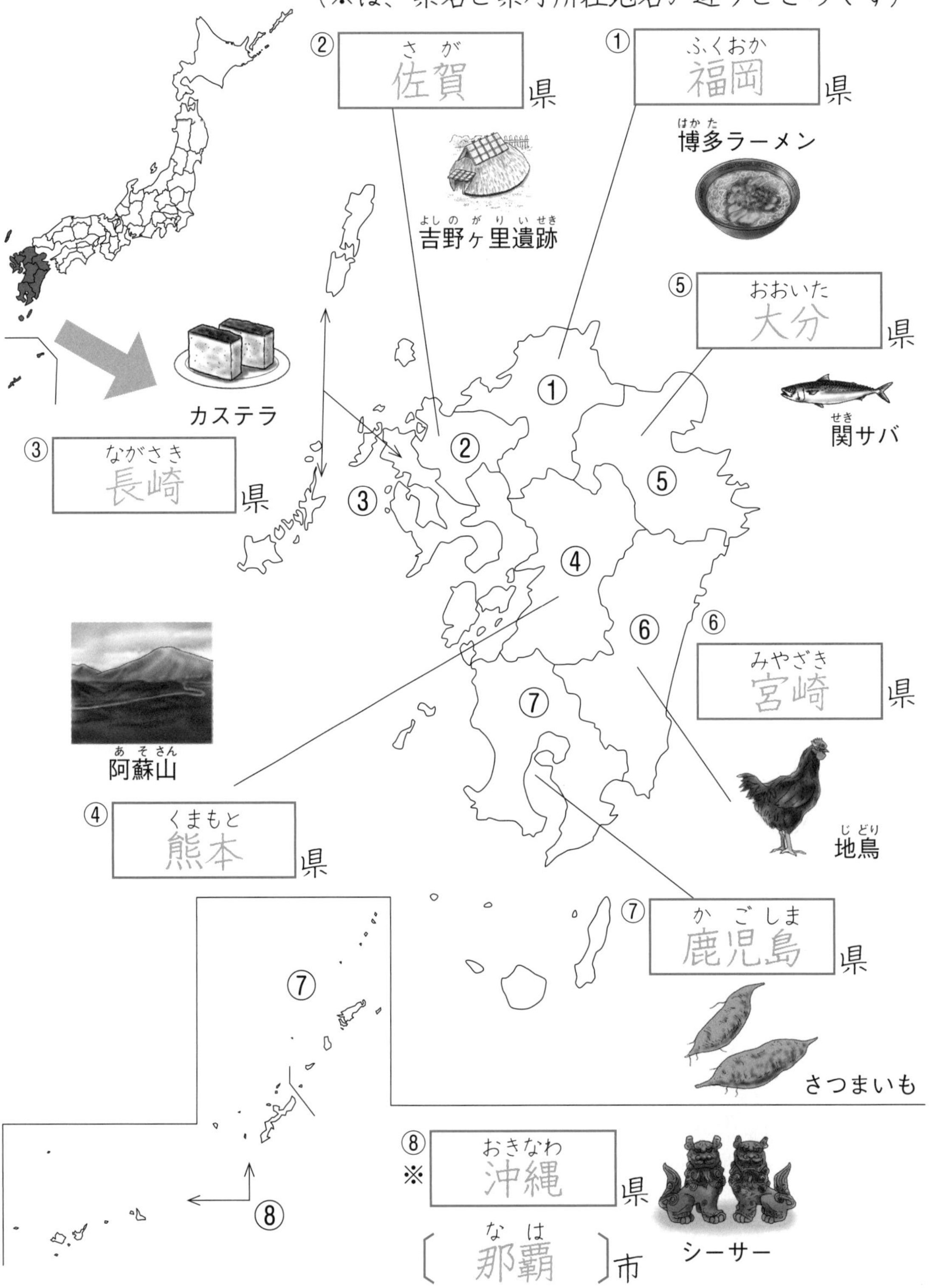

① ふくおか 福岡県

博多（はかた）ラーメン

② さが 佐賀県

吉野ヶ里遺跡（よしのがりいせき）

③ ながさき 長崎県

カステラ

④ くまもと 熊本県

阿蘇山（あそさん）

⑤ おおいた 大分県

関（せき）サバ

⑥ みやざき 宮崎県

地鶏（じどり）

⑦ かごしま 鹿児島県

さつまいも

⑧ ※ おきなわ 沖縄県

〔 なは 那覇 〕市

シーサー

 地形名をなぞって、それぞれの色でぬりましょう。

山地……オレンジ色
山脈……茶色
台地……灰色
平野……緑色
川・湖…青色

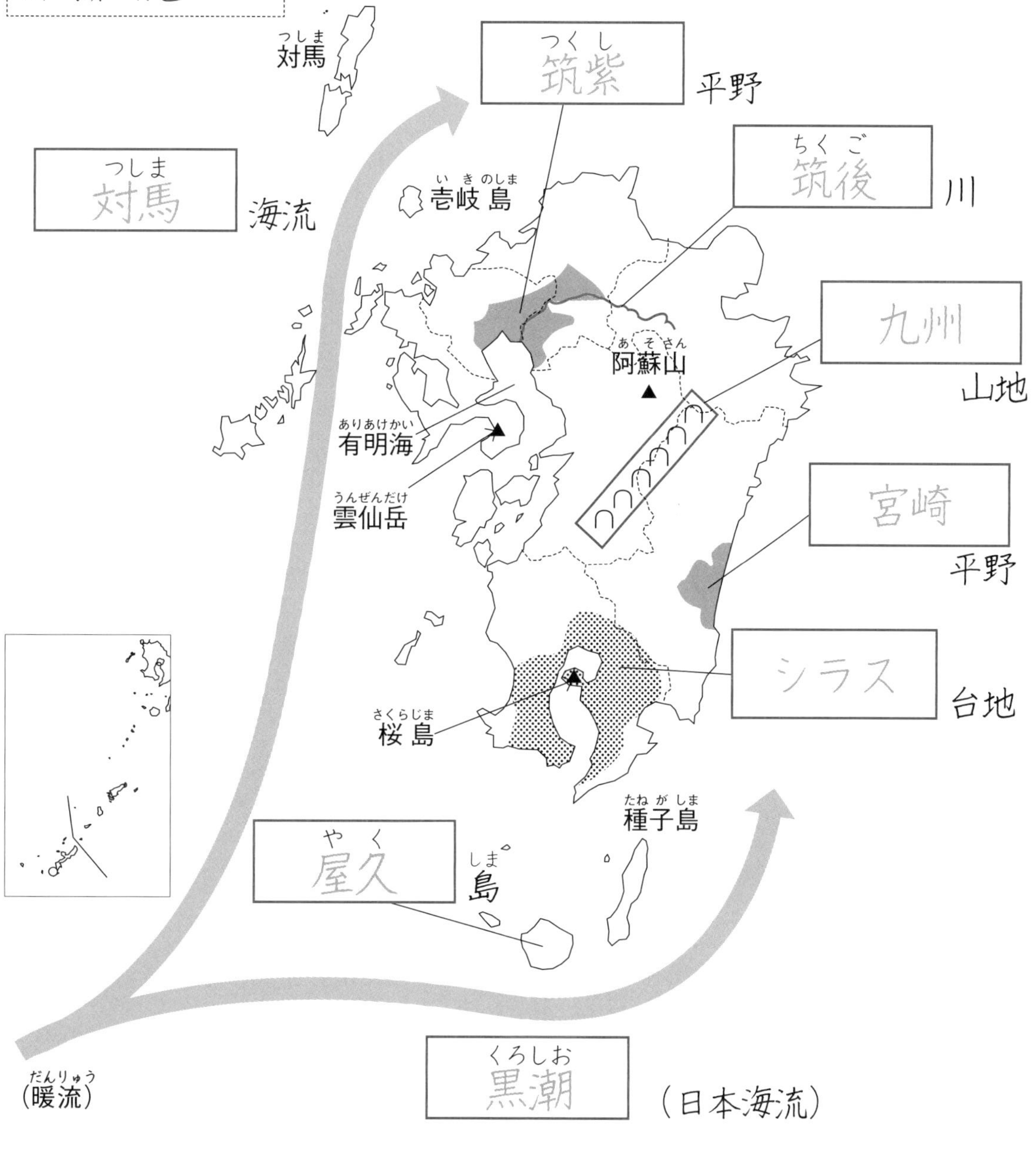

九州地方①

次のシルエットになっている都道府県はどこですか。

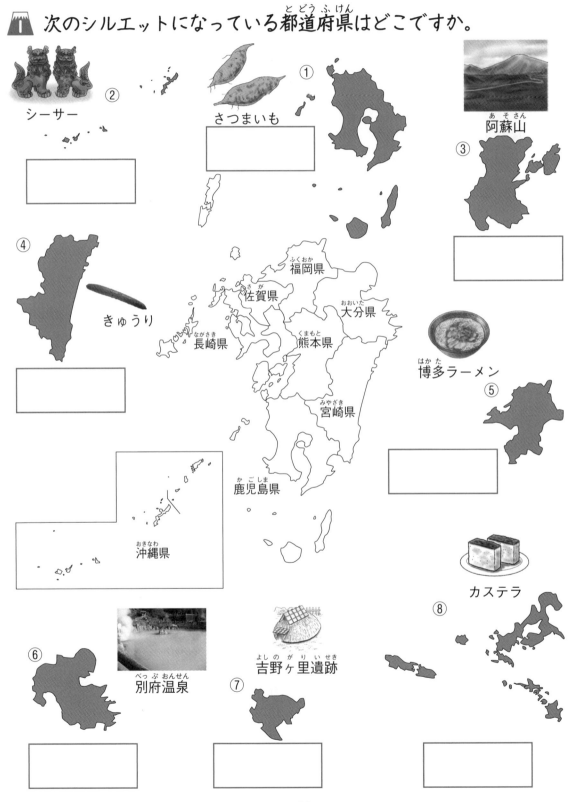

シーサー

②

さつまいも

①

阿蘇山

③

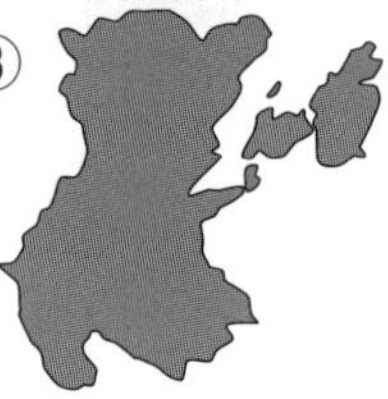

④

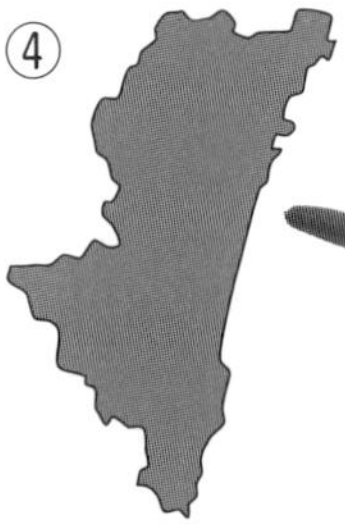

きゅうり

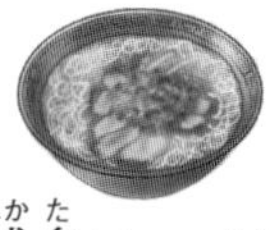

福岡県
佐賀県
大分県
長崎県
熊本県
宮崎県
鹿児島県
沖縄県

博多ラーメン

⑤

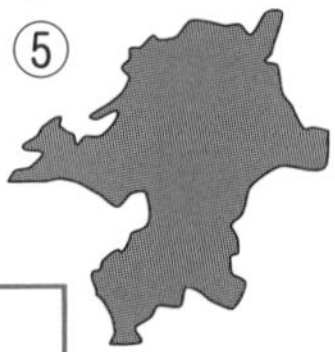

カステラ

⑧

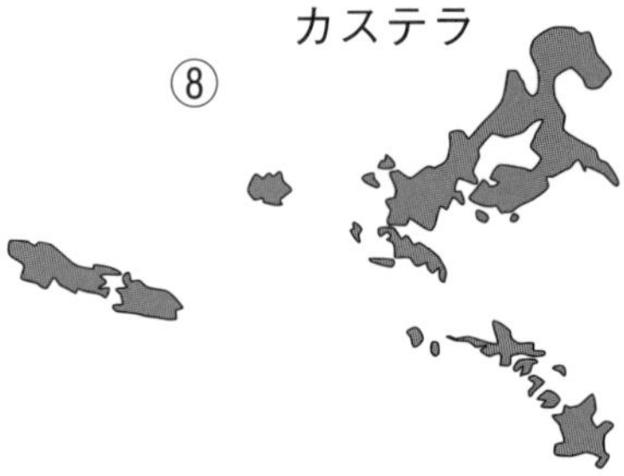

別府温泉

⑥

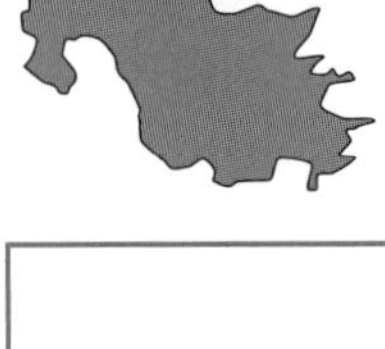

吉野ヶ里遺跡

⑦

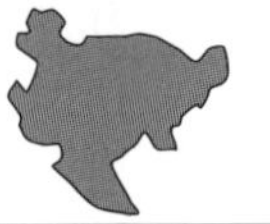

学びのディープポイント！ 九州地方は、火山大国でもある日本の中でも活火山が多いよ。でも、火山のおかげで大分の別府温泉などはとても有名だね。昔は、外国との貿易のきょ点にもなっていたので長崎県はカステラが名産品になっているよ。

2 次の人たちが行こうとしている県名を（　）に答えましょう。

①（　　　）県は一年中あたたかく、プロ野球チームの春キャンプや、グスクも見て回りたいな。

②「おんせん県」とよばれるほど（　　　）県は温泉(おんせん)が多いよ。別府(べっぷ)温泉などいろいろ行こう。

③世界自然遺産(しぜんいさん)の屋久島(やくしま)にある縄文杉(じょうもんすぎ)を見に（　　　）県に行きたいな。

④（　　　）県の有明海(ありあけかい)でとれるノリがとても有名。伊万里(いまり)というやき物の里もあるよ。

3 次の地図を見て□に名前を⬚から選(えら)んで答えましょう。

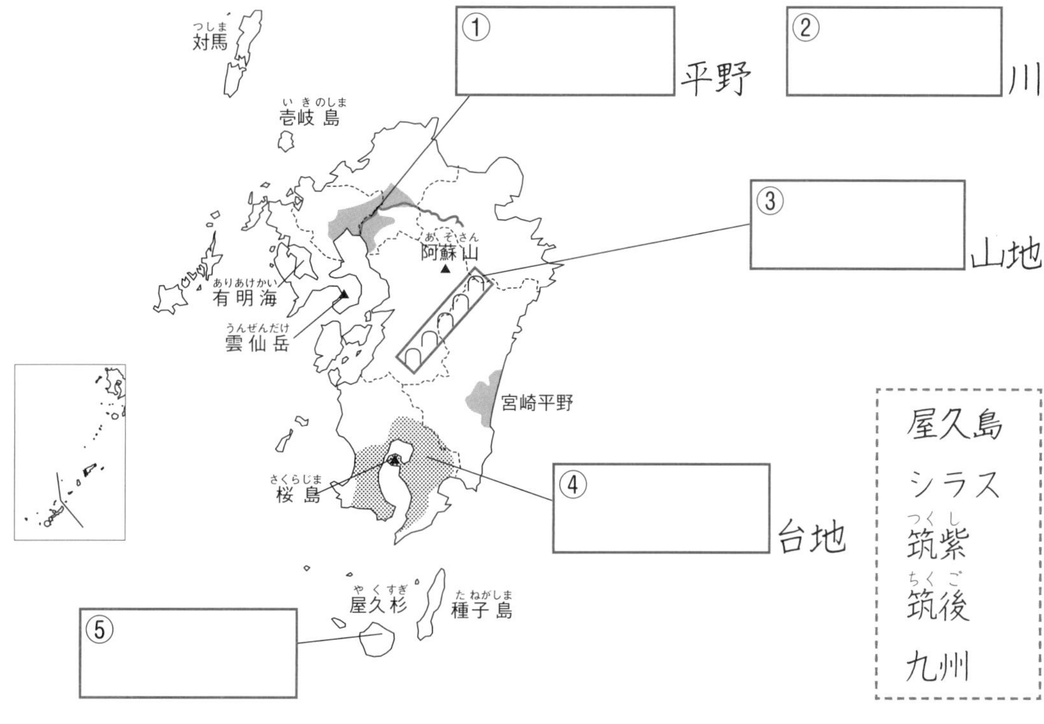

九州地方②

1 次の地図からまちがいを５つ見つけて○をつけ、□に正しく書き直しましょう。

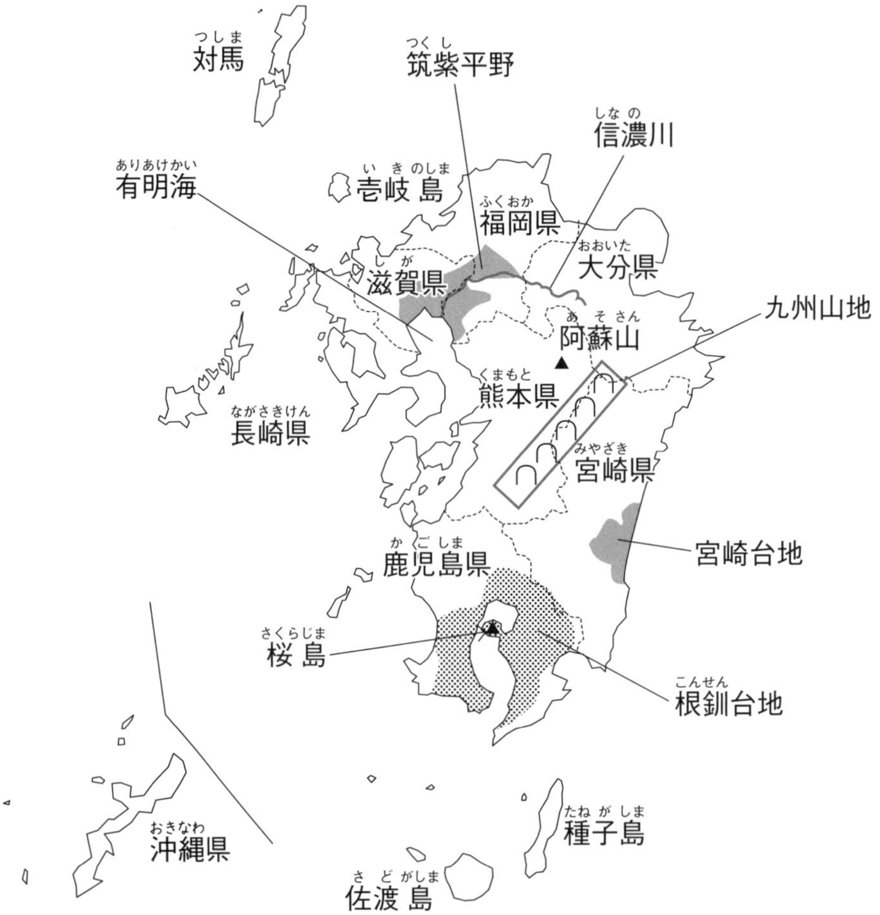

対馬（つしま）
筑紫平野（つくし）
信濃川（しなの）
有明海（ありあけかい）
壱岐島（いきのしま）
福岡県（ふくおか）
大分県（おおいた）
滋賀県（しが）
九州山地
阿蘇山（あそさん）
熊本県（くまもと）
長崎県（ながさきけん）
宮崎県（みやざき）
宮崎台地
鹿児島県（かごしま）
桜島（さくらじま）
根釧台地（こんせん）
沖縄県（おきなわ）
種子島（たねがしま）
佐渡島（さどがしま）

まちがっている言葉		正しい言葉
	➡	
	➡	
	➡	
	➡	
	➡	

学びのディープポイント！ まちがっている地名や特産品など、字をよく見て考えてみよう。今までのページから調べてもいいので答えてみよう。ダジャレ川柳には、都道府県名がかくれているよ。

2 この地方から消えた都道府県（とどうふけん）を（　）に答えましょう。

（　　　　　　）

3 次の農ちく産物の生産量が、九州地方で日本一の都道府県を［　］から選（えら）んで答えましょう。

① さつまいも　（　　　　　）県
② トマト　（　　　　　）県
③ ブロイラー（とり肉）　（　　　　　）県

熊本
宮崎
鹿児島

4 次のダジャレ川柳（せんりゅう）はどこの県かを答えましょう。

① ちゃんぽんの　めんの長さが　ながすぎけん ⇒（　　　　県）
② さつまいも　とられぬように　かごにしまう ⇒（　　　　県）
③ 有明海　ムツゴロウさがして　おさがわせ　⇒（　　　　県）
④ 温泉で　すべってころんで　おーいたっ！　⇒（　　　　県）

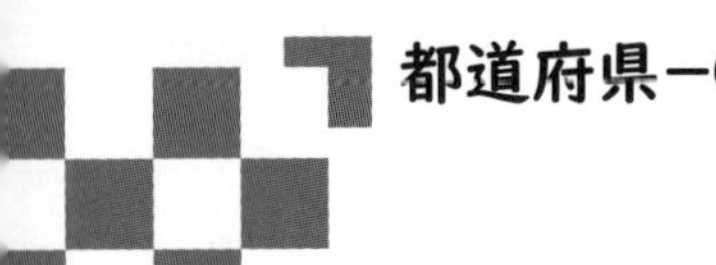

九州地方③

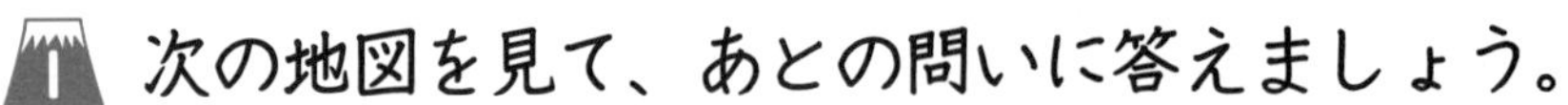

1 次の地図を見て、あとの問いに答えましょう。

(1) A～Cのそれぞれが通る県名を答えましょう。

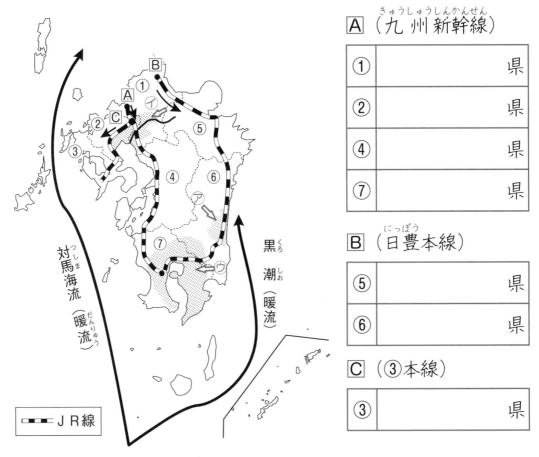

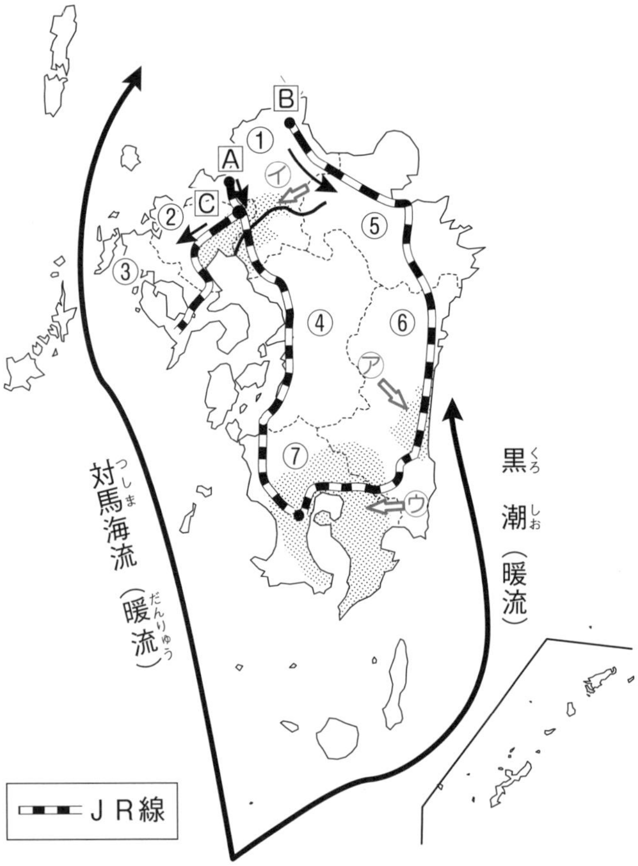

対馬海流（暖流）
黒潮（暖流）
JR線

A（九州新幹線）

①	県
②	県
④	県
⑦	県

B（日豊本線）

⑤	県
⑥	県

C（③本線）

③	県

(2) 日本でただ１つJRが通っていない県は、どこですか。

（　　　　）県

(3) A～Cとつながる平野や台地を㋐～㋒から選んで下の（　）に入れ、線で結びましょう。

A（九州新幹線の終点　）・　　・㋐宮崎平野（　　）

B（日豊本線のとちゅう）・　　・㋑筑紫平野（　　）

C（③本線のとちゅう　）・　　・㋒シラス台地（　　）

学びのディープポイント！ 九州地方を一周できるように鉄道が通っているね。国の管理していた鉄道だったJRは、どこの都道府県にもあるけど、ゆいいつ沖縄県だけ通っていないんだ。沖縄本島では、モノレールや車での移動が中心になっているよ。

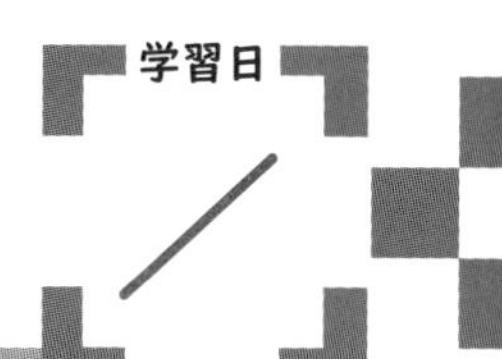

2 九州地方のクロスワードにチャレンジしましょう。

	1		2 ㋑			あ
㋐ え						
			う			
			わ			
				㋓ ふ			3 い
㋒ み							お

（オ か）□□□□

カステラ

吉野ヶ里遺跡（よしのがりいせき）

シーサー

地鳥（じどり）

阿蘇山（あそさん）

横のかぎ㋐～㋔

㋐ カステラはこの県の名物です。

㋑ 海でとれるサバは「関（せき）サバ」とよばれていて、人気があります。

㋒ とり肉の生産（せいさん）がとても多い県です。

㋓ 博多（はかた）ラーメンと明太子（めんたいこ）が有名です。

㋔ 世界最大級（さいだいきゅう）のカルデラといえば…

たてのかぎ1～3

1 有明海（ありあけかい）と有田焼（ありたやき）が有名です。

2 シーサーや首里城（しゅりじょう）で有名です。

3 世界で一番大きな桜島（さくらじま）大根がつくられています。

☆ 上の□マスのひらがなをならべて、言葉をつくりましょう。

	あ	あ	い	う	え		お	か
あ						ん		

都道府県クイズ①

 次の地図を見てあとの問いに答えましょう。

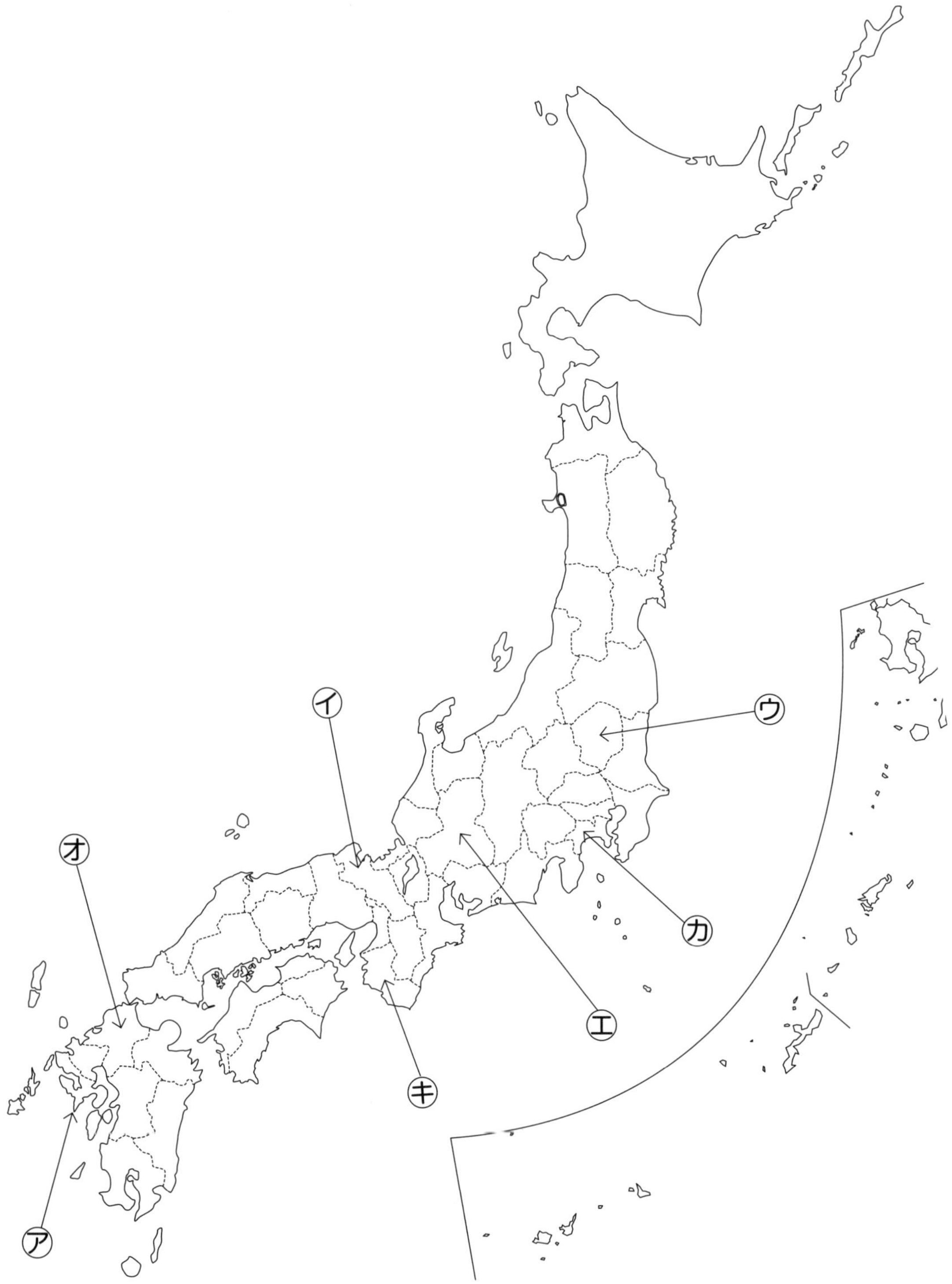

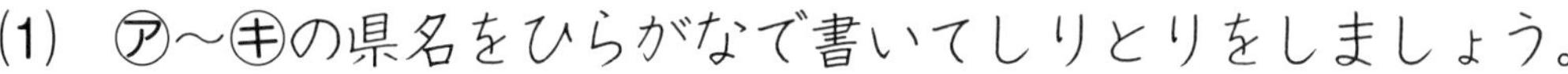

(1)　㋐～㋖の県名をひらがなで書いてしりとりをしましょう。

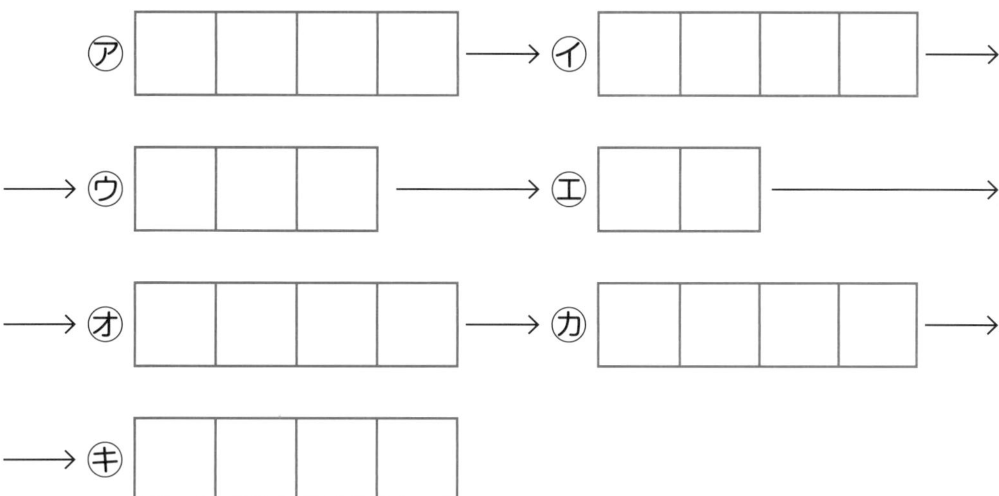

(2)　次のシルエットにあてはまる都道府県名を□に答え、左の地図に色をぬりましょう。

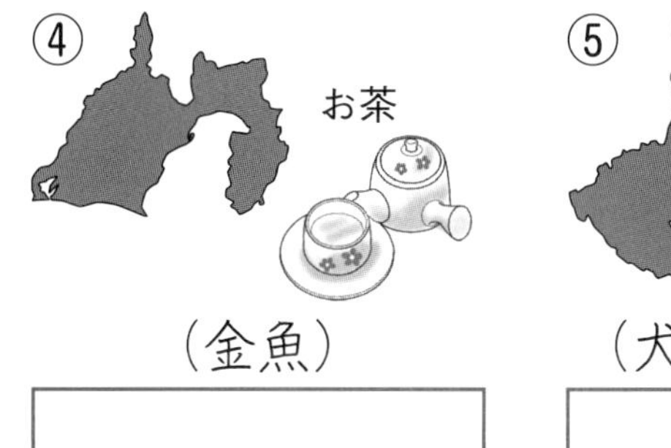

都道府県クイズ②

次の地図を見てあとの問いに答えましょう。

〈面積大ベスト7〉

①	約78400km²
②	約15200km²
③	約13700km²
④	約13500km²
⑤	約12500km²
⑥	約11600km²
⑦	約10600km²

〈面積小ベスト5〉

ア	約1800km²
イ	約1900km²
ウ	約2100km²
エ	約2200km²
オ	約2400km²

（『日本国勢図会　2019/20』より作成）

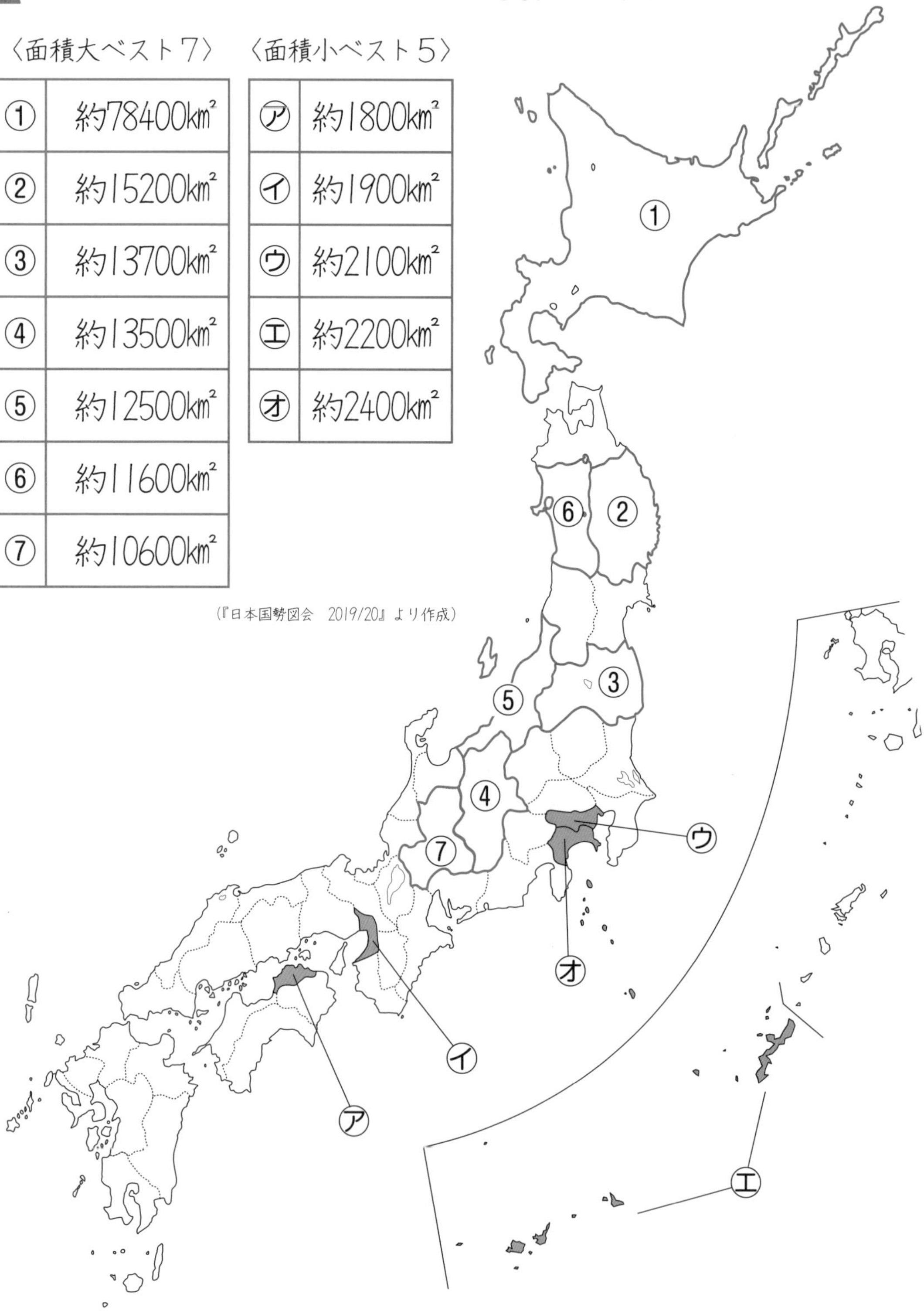

① ② ③ ④ ⑤ ⑥ ⑦ ア イ ウ エ オ

(1) 都道府県で面積の大きいベスト7（①～⑦）と小さいベスト5（㋐～㋔）を□に答えましょう。

〈大きいベスト7〉

①		②		③	
④		⑤		⑥	
⑦					

〈小さいベスト5〉

㋐		㋑		㋒	
㋓		㋔			

(2) 次のシルエットにあてはまる都道府県名を□に答え、左の地図に色をぬりましょう。

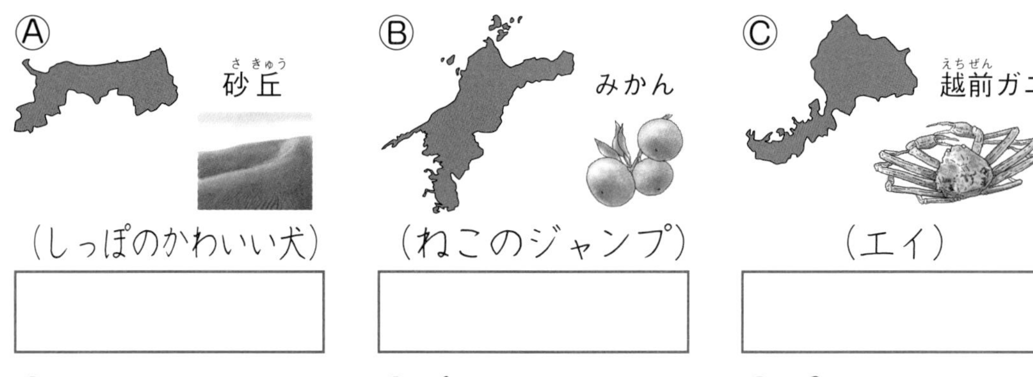

（しっぽのかわいい犬）　（ねこのジャンプ）　（エイ）

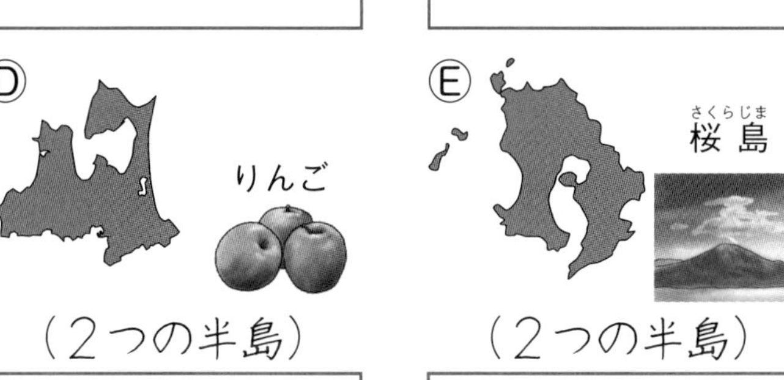

（2つの半島）　（2つの半島）

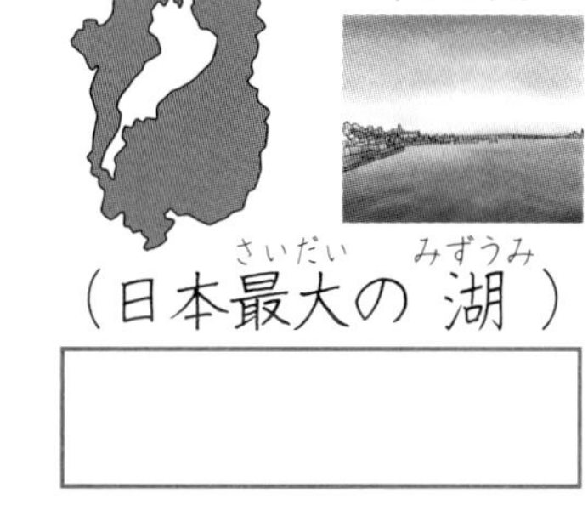

（日本最大の湖）

都道府県クイズ③

次の地図を見て、あとの問いに答えましょう。

〈人口多ベスト７〉

①	約1400万人
②	約920万人
③	約880万人
④	約760万人
⑤	約730万人
⑥	約630万人
⑦	約550万人

〈人口少ベスト５〉

㋐	約56万人
㋑	約67万人
㋒	約70万人
㋓	約73万人
㋔	約78万人

（『日本国勢図会　2019/20』より作成）

(1)　都道府県で人口の多いベスト7（①〜⑦）と少ないベスト5（㋐〜㋔）を□に答えましょう。

〈多いベスト7〉

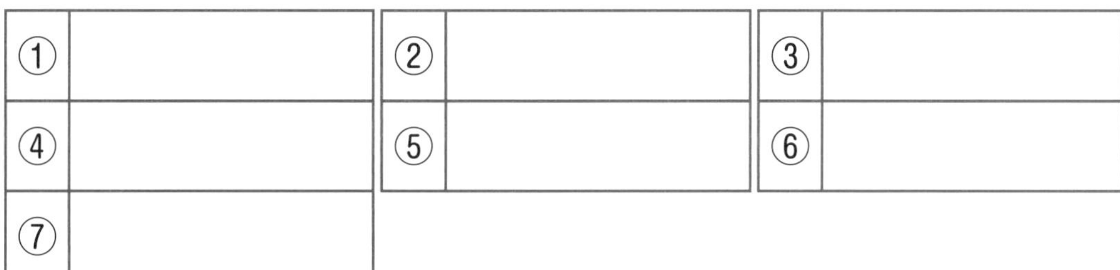

①		②		③	
④		⑤		⑥	
⑦					

〈少ないベスト5〉

㋐		㋑		㋒	
㋓		㋔			

(2)　次の県章にあてはまる都道府県名を□に答え、左の地図に色をぬりましょう。

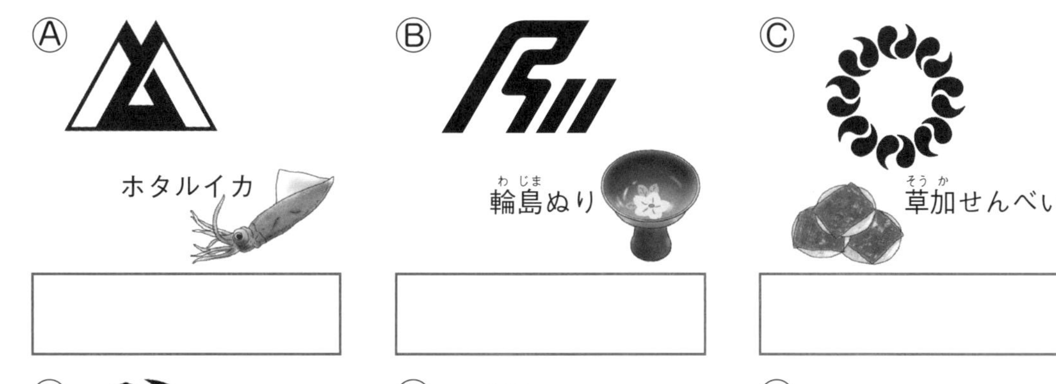

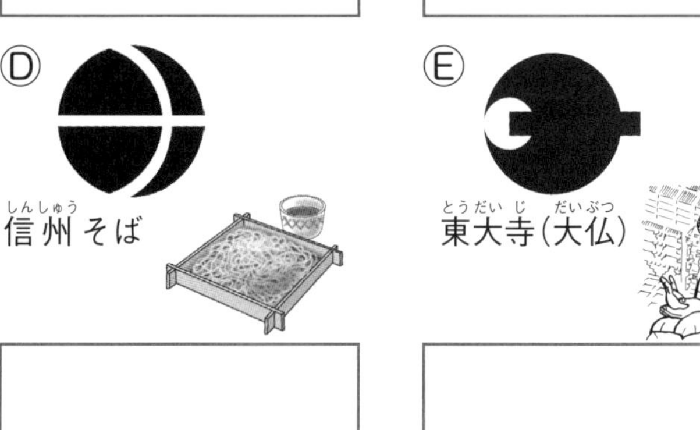

要点まとめー⑫

都道府県クイズ④

次の地図を見て、あとの問いに答えましょう。

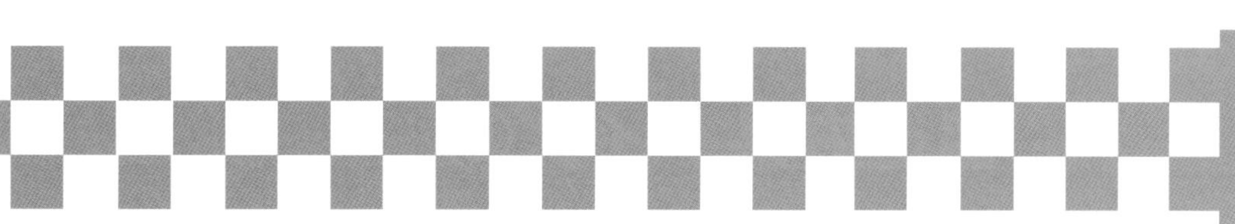

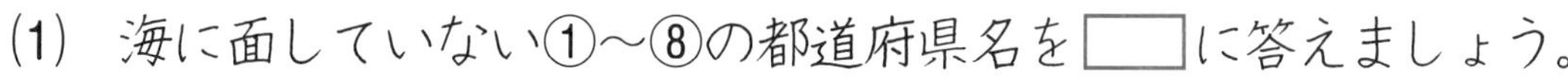

(1) 海に面していない①〜⑧の都道府県名を□に答えましょう。

①		②		③	
④		⑤		⑥	
⑦		⑧			

(2) 次の県章にあてはまる都道府県名を□に答え、左の地図に色をぬりましょう。

Ⓐ

（ひらがな「ふ」）

野口英世（のぐちひでよ）

Ⓑ

（カタカナ「ア」）

なまはげ

Ⓒ

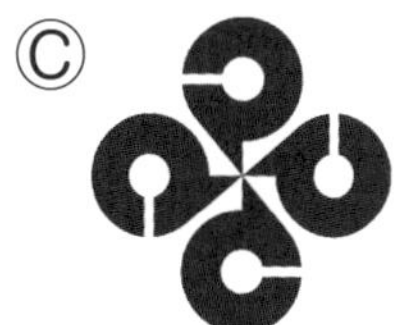

（「マ」が4つ）

出雲大社（いずもたいしゃ）

Ⓓ

（カタカナ「カ」）

讃岐（さぬき）うどん

Ⓔ

（ひらがな「み」）

伊勢神宮（いせじんぐう）

Ⓕ

（カタカナ「ヒ」）

原爆（げんばく）ドーム

都道府県クイズ⑤

1 次の①～⑤と㋐～㋔の下線の部分は昔の国の名前です。今のどの都道府県になるかを表に答えましょう。

	地形名	今の都道府県名		特産品など	今の都道府県名
①	越後山脈 平野		㋐	薩摩いも （さつまいも）	
②	飛驒山脈		㋑	讃岐うどん	
③	濃尾平野 （美濃・尾張）	岐阜県・	㋒	伊勢えび	
④	筑後川		㋓	越前ガニ	
⑤	対馬海流		㋔	阿波おどり	

2 次の地図で動物の名前がつく都道府県名を□に答えましょう。

鹿	
馬	
鳥	
熊	

3 次の①と②は、どこの県をＰＲしていますか。

① ㋐ 関東(かんとう)地方にあるよ。

㋑ 日光東照宮(にっこうとうしょうぐう)が有名な世界遺産(いさん)の「日光の社寺」があるんだ。

㋒ いちごの生産量(せいさんりょう)が日本一で、特(とく)に「とちおとめ」が有名。

（　　　　）県

② ㋐ 中部地方にあるよ。

㋑ 春になると、チューリップが一面にさきほこるんだ。

㋒ 日本一大きい黒部(くろべ)ダムは、たくさんの観光客(かんこうきゃく)が来るよ。

（　　　　）県

都道府県クイズ⑥

新幹線に乗って、北から南へ日本列島を旅行します。それぞれの新幹線が通る都道府県名を答えましょう。［（　）は、都道府県庁所在地］

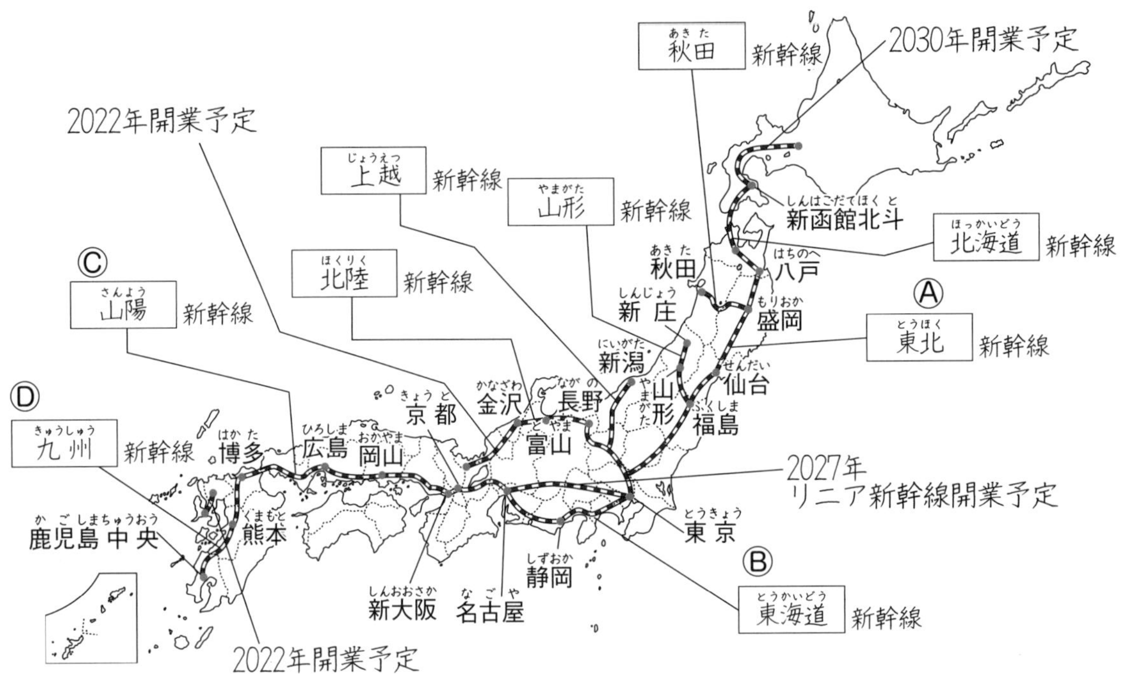

Ⓐ 北海道・東北新幹線

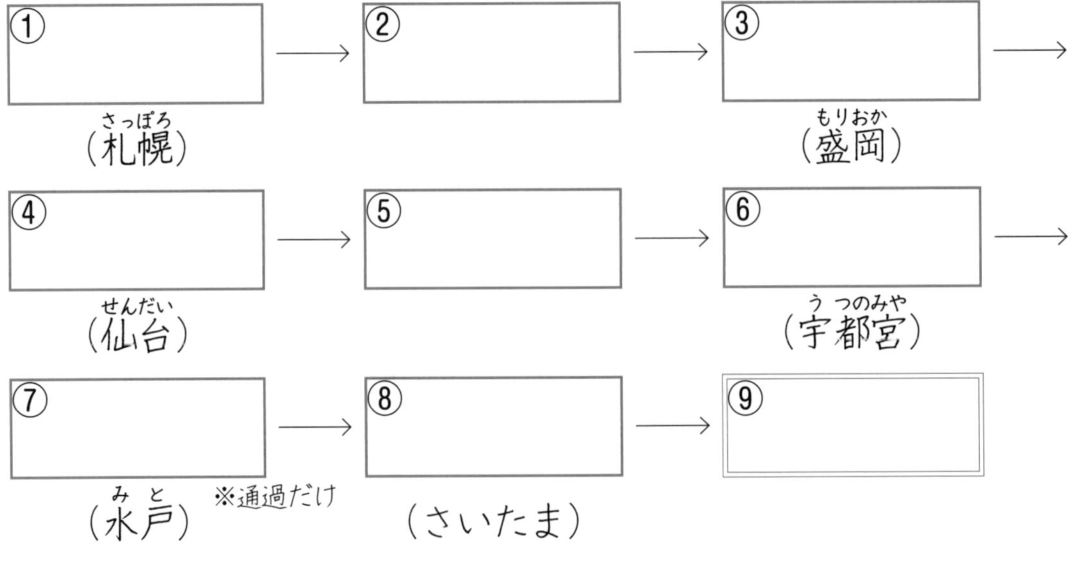

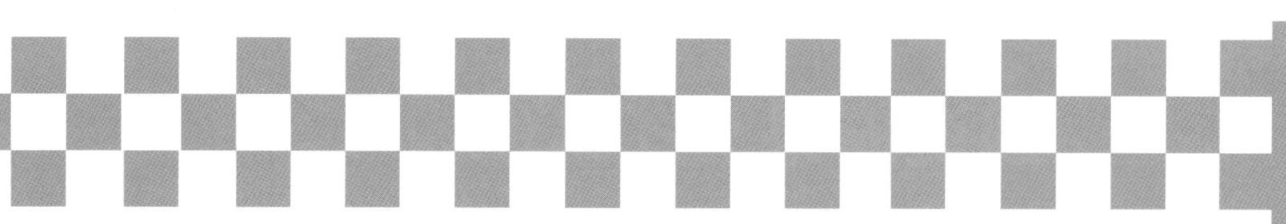

Ⓑ 東海道新幹線

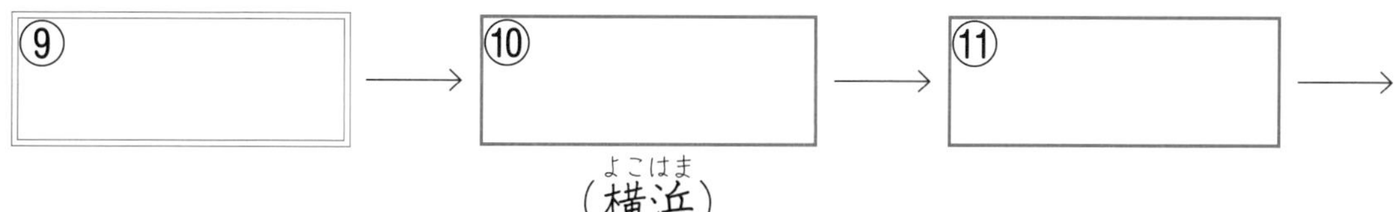

⑨ → ⑩ → ⑪ →

（横浜（よこはま））

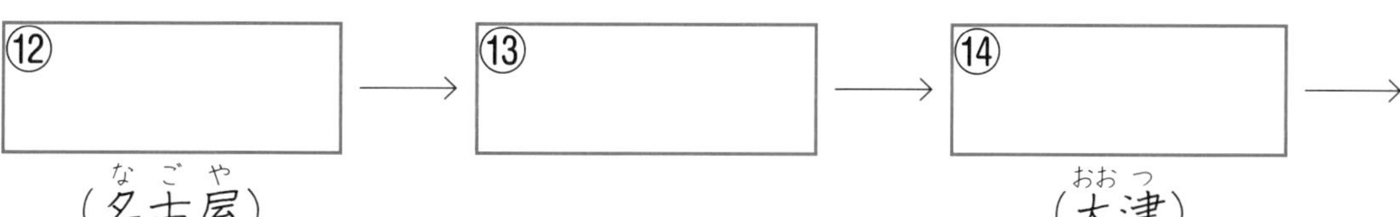

⑫ → ⑬ → ⑭ →

（名古屋（なごや））　（大津（おおつ））

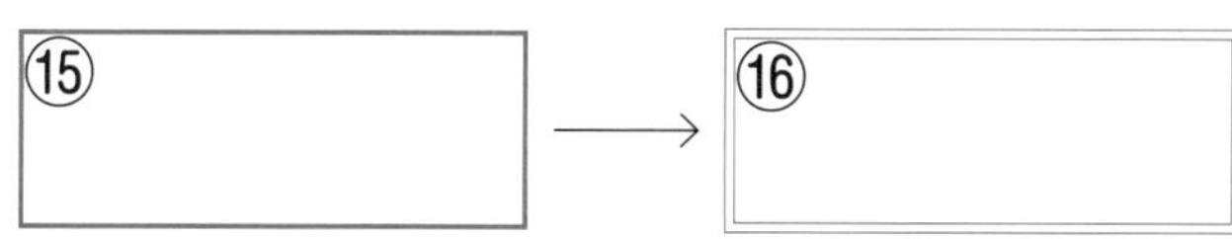

⑮ → ⑯

東北新幹線

Ⓒ 山陽新幹線

⑯ →

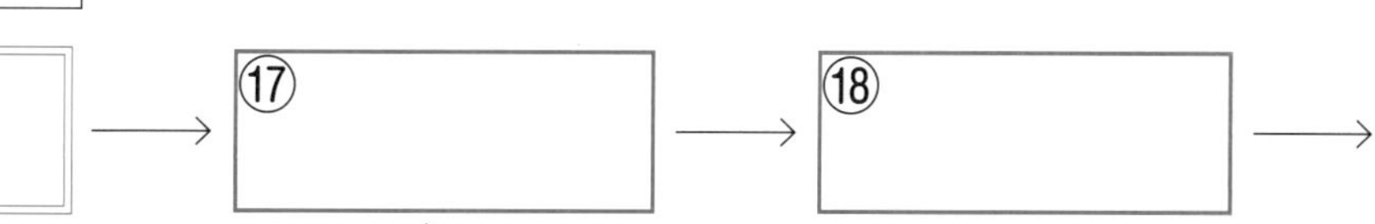

⑰ → ⑱ →

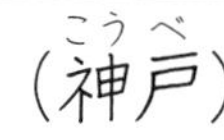

（神戸（こうべ））

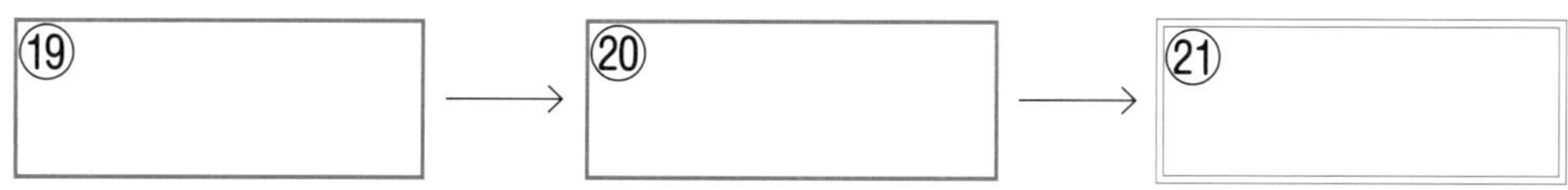

⑲ → ⑳ → ㉑

Ⓓ 九州新幹線

㉑ → ㉒ → ㉓ 鹿児島県

㉔ → ㉕

都道府県クイズ⑦

次の地図を見て、あとの問いに答えましょう。

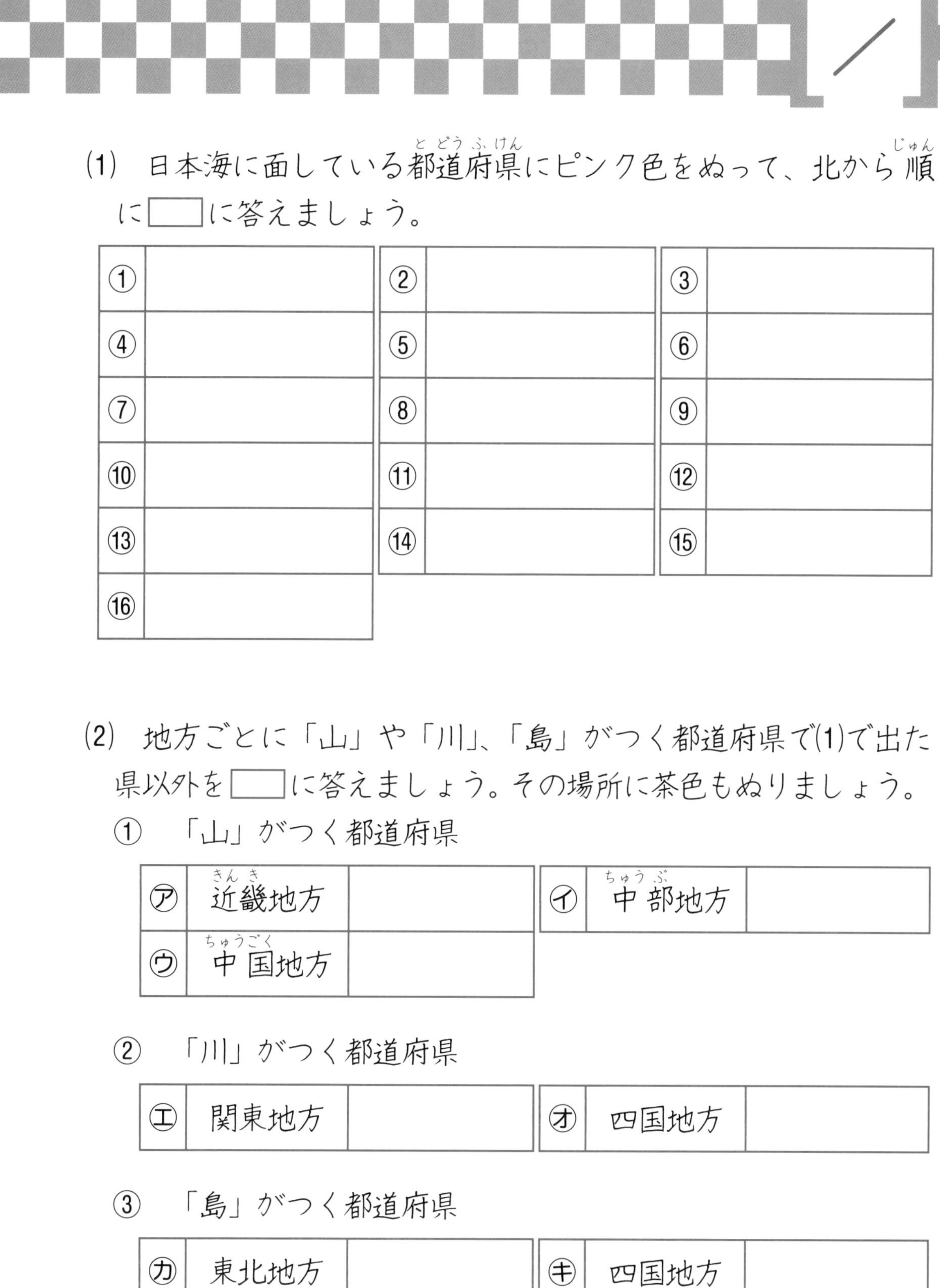

(1) 日本海に面している都道府県にピンク色をぬって、北から順に□に答えましょう。

①		②		③	
④		⑤		⑥	
⑦		⑧		⑨	
⑩		⑪		⑫	
⑬		⑭		⑮	
⑯					

(2) 地方ごとに「山」や「川」、「島」がつく都道府県で(1)で出た県以外を□に答えましょう。その場所に茶色もぬりましょう。

① 「山」がつく都道府県

㋐	近畿地方		㋑	中部地方	
㋒	中国地方				

② 「川」がつく都道府県

㋓	関東地方		㋔	四国地方	

③ 「島」がつく都道府県

㋕	東北地方		㋖	四国地方	
㋗	中国地方		㋘	九州地方	

都道府県クイズ⑧

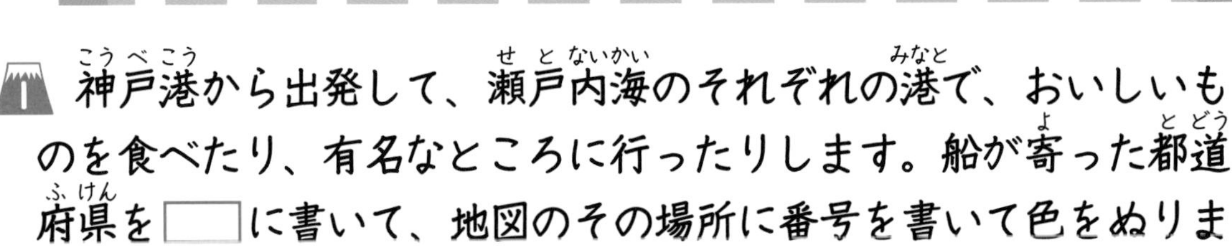

神戸港（こうべこう）から出発して、瀬戸内海（せとないかい）のそれぞれの港（みなと）で、おいしいものを食べたり、有名なところに行ったりします。船が寄（よ）った都道（とどう）府県（ふけん）を□に書いて、地図のその場所に番号を書いて色をぬりましょう。

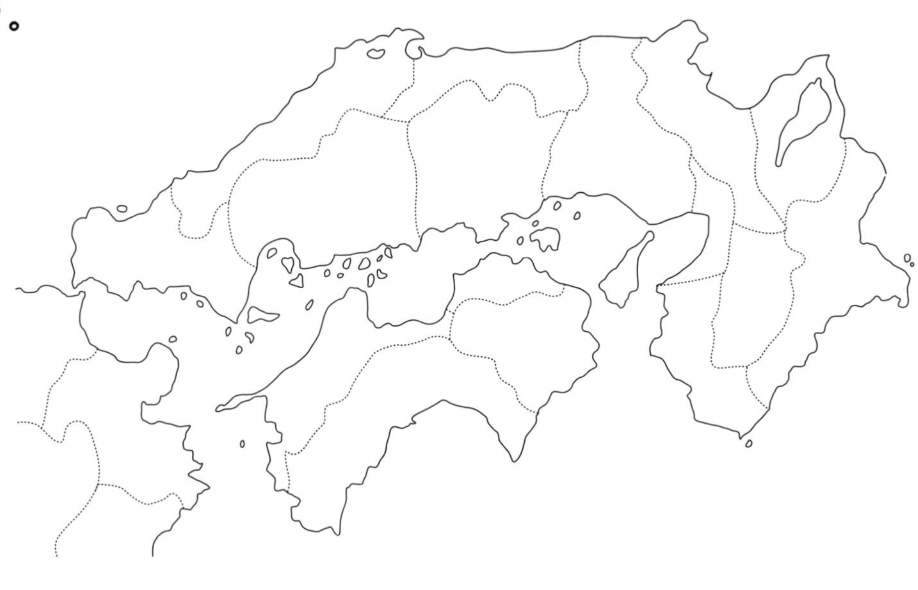

①神戸牛 □→②マスカット（ぶどう） □→

→③原爆（げんばく）ドーム □→④ふぐ □→

→⑤博多（はかた）ラーメン □→⑥関（せき）サバ □→

→⑦伊予（いよ）かん □→⑧讃岐（さぬき）うどん □→

→⑨鳴門（なると）のうずしお □→⑩梅干（うめぼ）し □→

→⑪お好（この）み焼（や）き □

学習日 ／

2 次の①～④は、どこの県をＰＲしていますか。都道府県名を□に答えましょう。

① ㋐ 東北(とうほく)地方にある。
㋑ 日本で面積(めんせき)が二番目に広いんだよ。
㋒ 宮沢賢治(みやざわけんじ)の生まれたところで、銀河鉄道(ぎんがてつどう)も走っているよ。

□

② ㋐ 中部(ちゅうぶ)地方にある。
㋑ 世界遺産(いさん)の白川郷(しらかわごう)があって、長良川(ながらがわ)でのう飼(か)いも楽しめるよ。
㋒ 昔は、飛騨(ひだ)と美濃(みの)に分かれていた。

□

③ ㋐ 近畿(きんき)地方にある。
㋑ 世界遺産の高野山(こうやさん)に行って、パンダも見られる。
㋒ みかんとかきに、梅もたくさんとれるよ。

□

④ ㋐ 九州(きゅうしゅう)地方にある。
㋑ 昔は、琉球王国(りゅうきゅうおうこく)があった。
㋒ 一年中あたたかくて、さとうきびがとれる。

□

都道府県クイズ⑨

1 次の㋐～㋡は、都道府県（とどうふけん）名とその県庁（けんちょう）所在地（しょざいち）名がちがうところです。あとの問いに答えましょう。

(1) 県庁所在地名に「松」がつく場所

㋠

宍道湖（しんじこ）　しじみ　出雲大社（いずもたいしゃ）	
市	県

㋟

みかん　タイ　道後温泉（どうご）	
市	県

㋞

讃岐（さぬき）うどん　オリーブ	
市	県

(2) 次の県庁所在地名とその県の有名な物を線で結びましょう。（　）には県名を答えましょう。

㋙ 金沢（かなざわ）市・	・Ⓐ 富岡製糸場（とみおかせいしじょう）、キャベツ	（	県）
㋛ 津（つ）市・	・Ⓑ 輪島（わじま）ぬり、加賀友禅（かがゆうぜん）	（	県）
㋘ 甲府（こうふ）市・	・Ⓒ 伊勢神宮（いせじんぐう）、真（しん）じゅ	（	県）
㋓ 前橋（まえばし）市・	・Ⓓ ぶどう、富士山（ふじさん）	（	県）

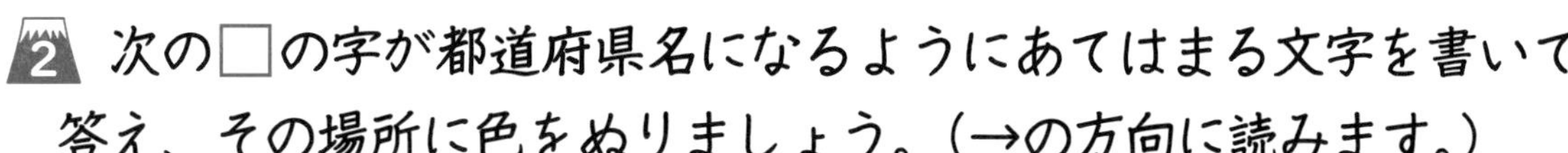

2 次の□の字が都道府県名になるようにあてはまる文字を書いて答え、その場所に色をぬりましょう。（→の方向に読みます。）

①

ア↓

イ→ 崎

②

ウ↓

エ→ 賀

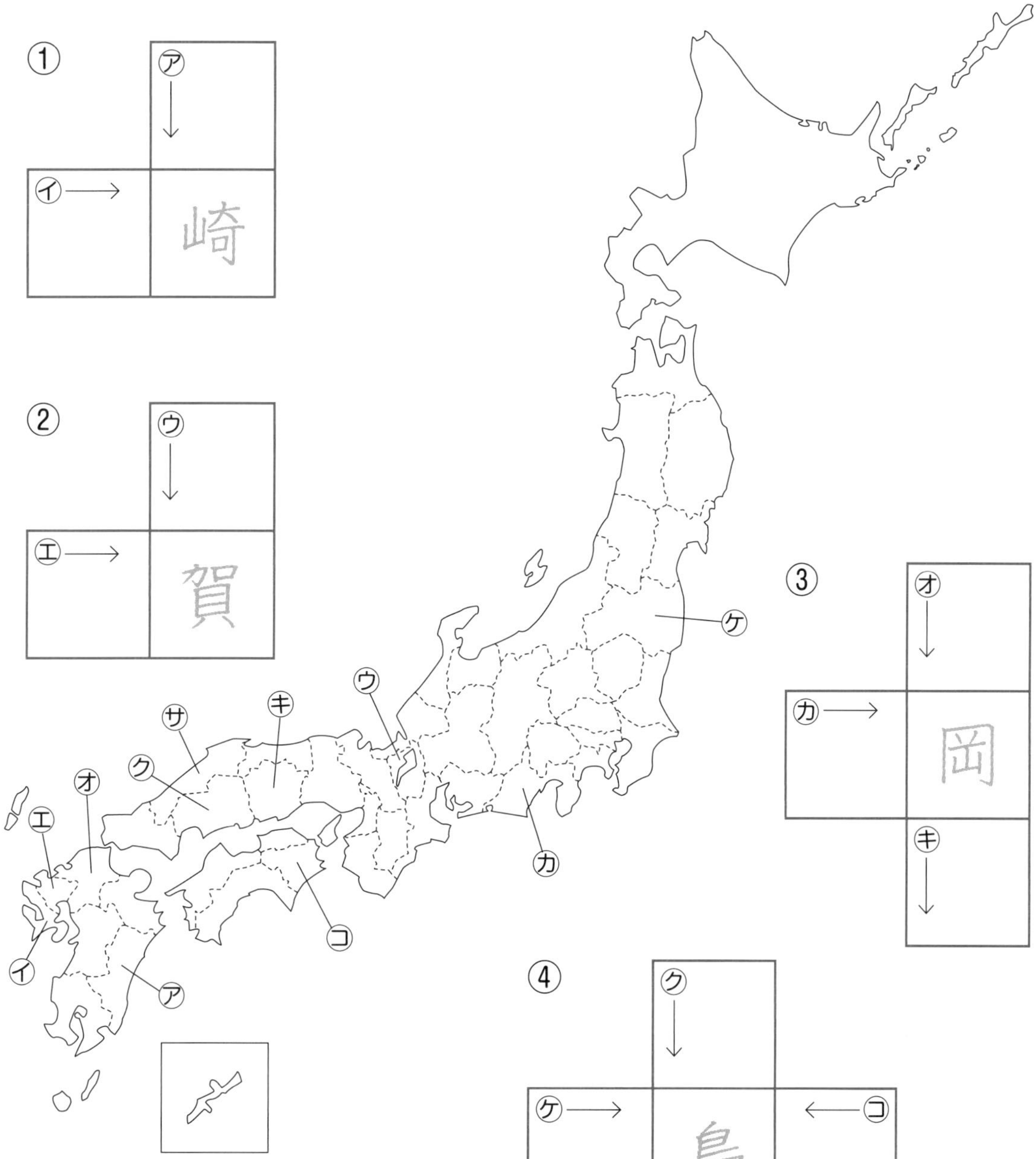

③

オ↓

カ→ 岡

キ↓

④

ク↓

ケ→ 島 ←コ

サ↓

ア　イ　ウ　エ　オ　カ　キ　ク　ケ　コ　サ

ジャンプ

都道府県クイズ⑩

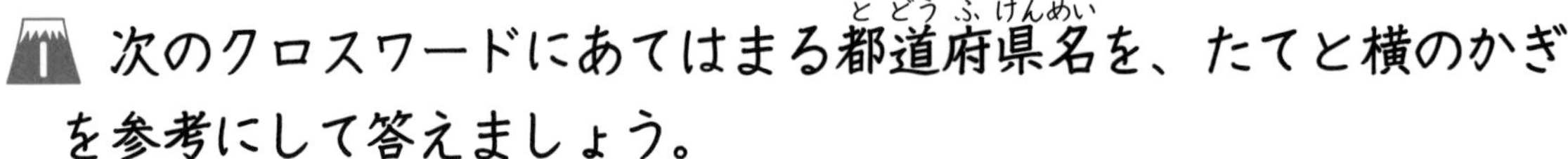

1 次のクロスワードにあてはまる都道府県名を、たてと横のかぎを参考にして答えましょう。

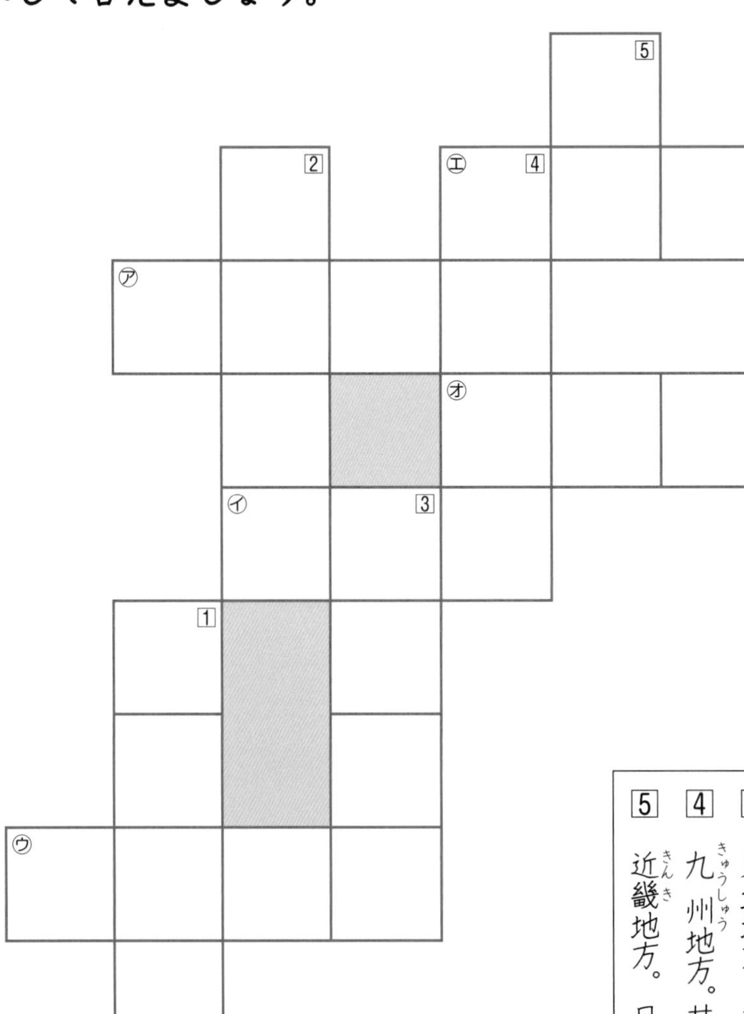

《たてのかぎ》

1 中部地方。お茶を飲みながらの富士山。

2 近畿地方。金閣など多くの寺がある。

3 東北地方。サクランボの生産量が日本一。

4 九州地方。サツマイモの生産量が日本一。

5 近畿地方。日本最大の湖、琵琶湖がある。

《横のかぎ》

ア 近畿地方。姫路城があって神戸牛も有名。

イ 中部地方。チューリップがきれいだよ。

ウ 九州地方。「おんせん県」ともよばれる。

エ 四国地方。「うどん県」ともよばれる。

オ 中国地方。出雲大社に石見銀山が有名。

2 次の世界遺産㋐～㋙は、何県にありますか。あてはまる都道府県名と地図上の番号を答えましょう。

㋐ 東大寺の大仏
㋑ 大仙古墳（百舌鳥古墳群）
㋒ 屋久島
㋓ 白川郷
㋔ 原爆ドーム
㋕ 姫路城
㋖ 平泉の中尊寺（金色堂）
㋗ 石見銀山
㋘ 知床
㋙ 小笠原諸島

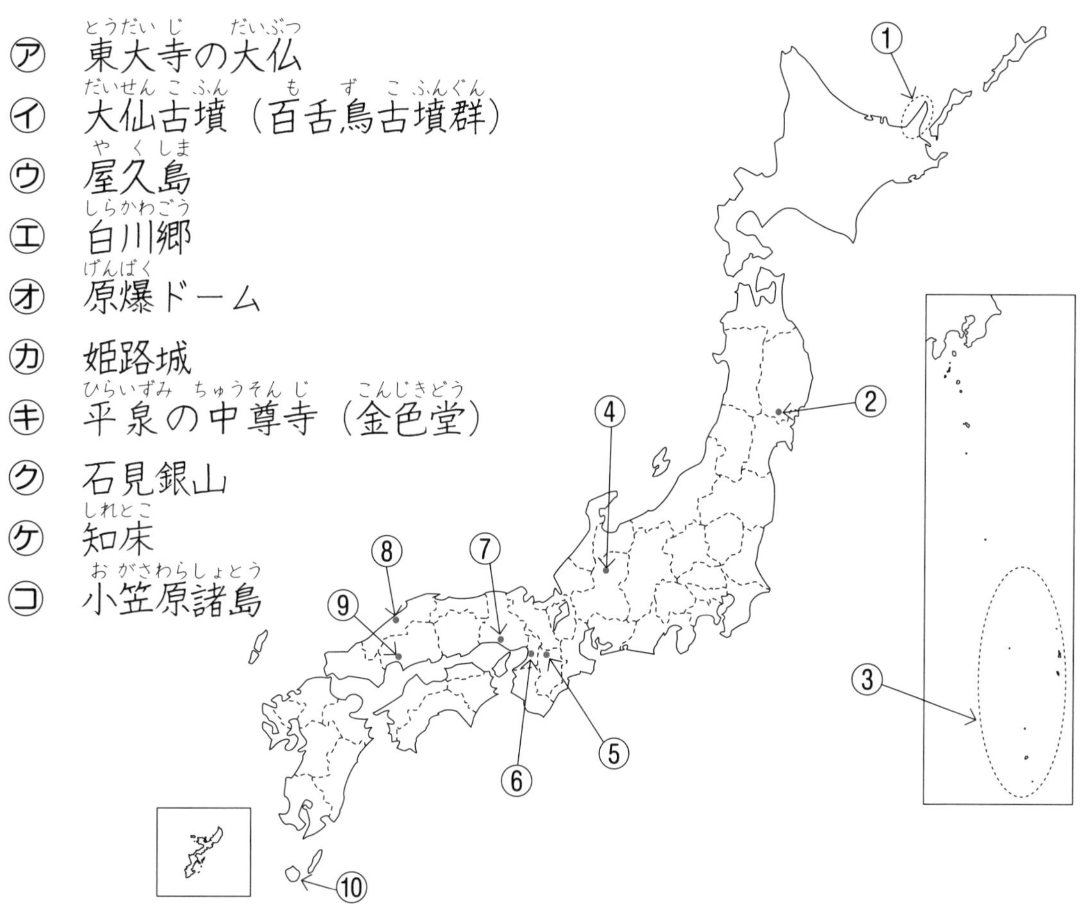

記号	都道府県名	番号	記号	都道府県名	番号
㋐			㋑		
㋒			㋓		
㋔			㋕		
㋖			㋗		
㋘			㋙		

イメージマップ

都道府県の読み方・書き方①

1 A～Hの地方名をなぞり、それぞれの地方の色で県をぬりましょう。

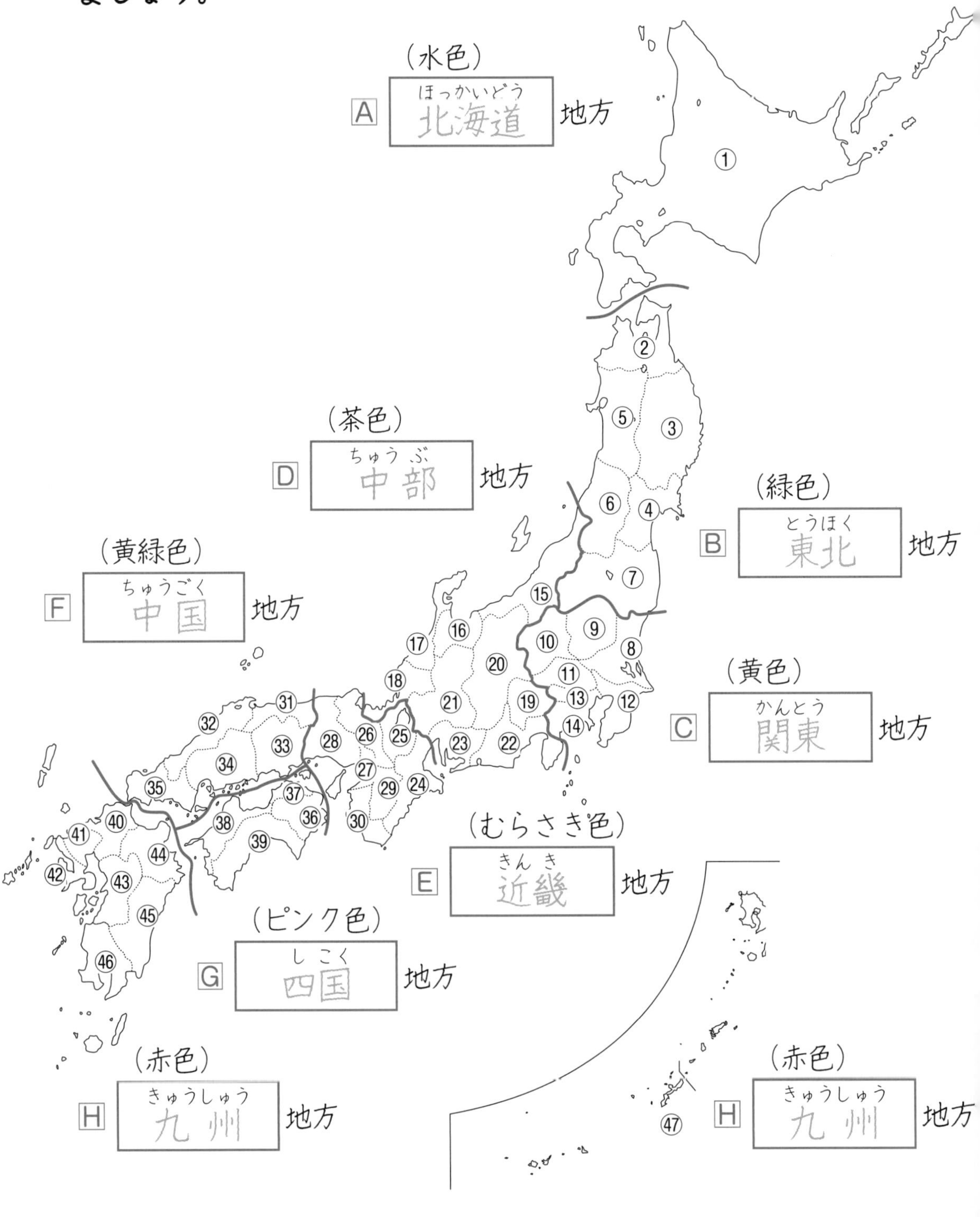

2 ①〜⑦の場所を確(かく)にんしてから、都道府県(とどうふけん)名の練習をしましょう。

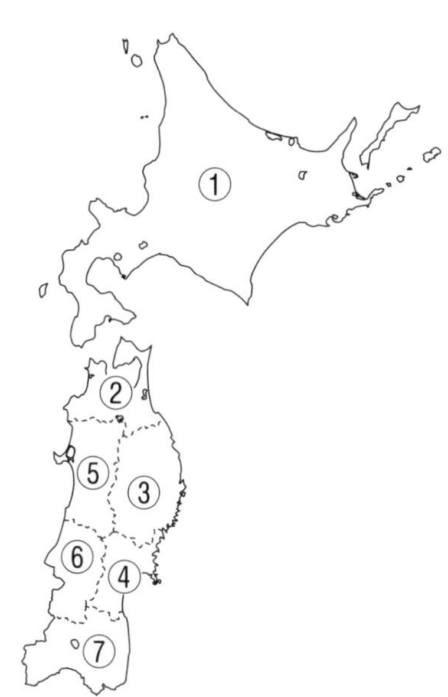

〔A 北海道地方〕

① 北海道

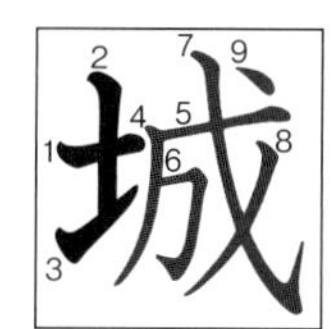

〔B 東北地方〕

② 青森（あおもり）

③ 岩手（いわて）

④ 宮城（みやぎ）

⑤ 秋田（あきた）

⑥ 山形（やまがた）

⑦ 福島（ふくしま）

都道府県の読み方・書き方②

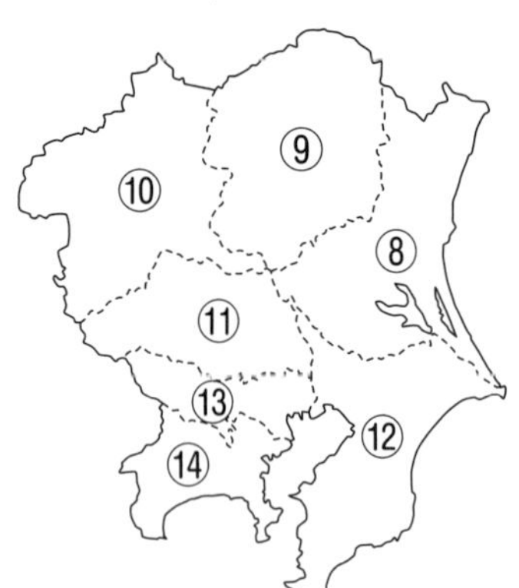

⑧〜㉓の場所を確(かく)にんしてから、都道府県(とどうふけん)名の練習をしましょう。

〔C 関東(かんとう)地方〕

⑧ 茨城(いばらき)

茨	城

⑨ 栃木(とちぎ)

栃	木

⑩ 群馬(ぐんま)

群	馬

⑪ 埼玉(さいたま)

埼	玉

⑫ 千葉(ちば)

千	葉

⑬ 東京(とうきょう)

東	京

⑭ 神奈川(かながわ)

神	奈	川

茨	城	栃
群	埼	奈

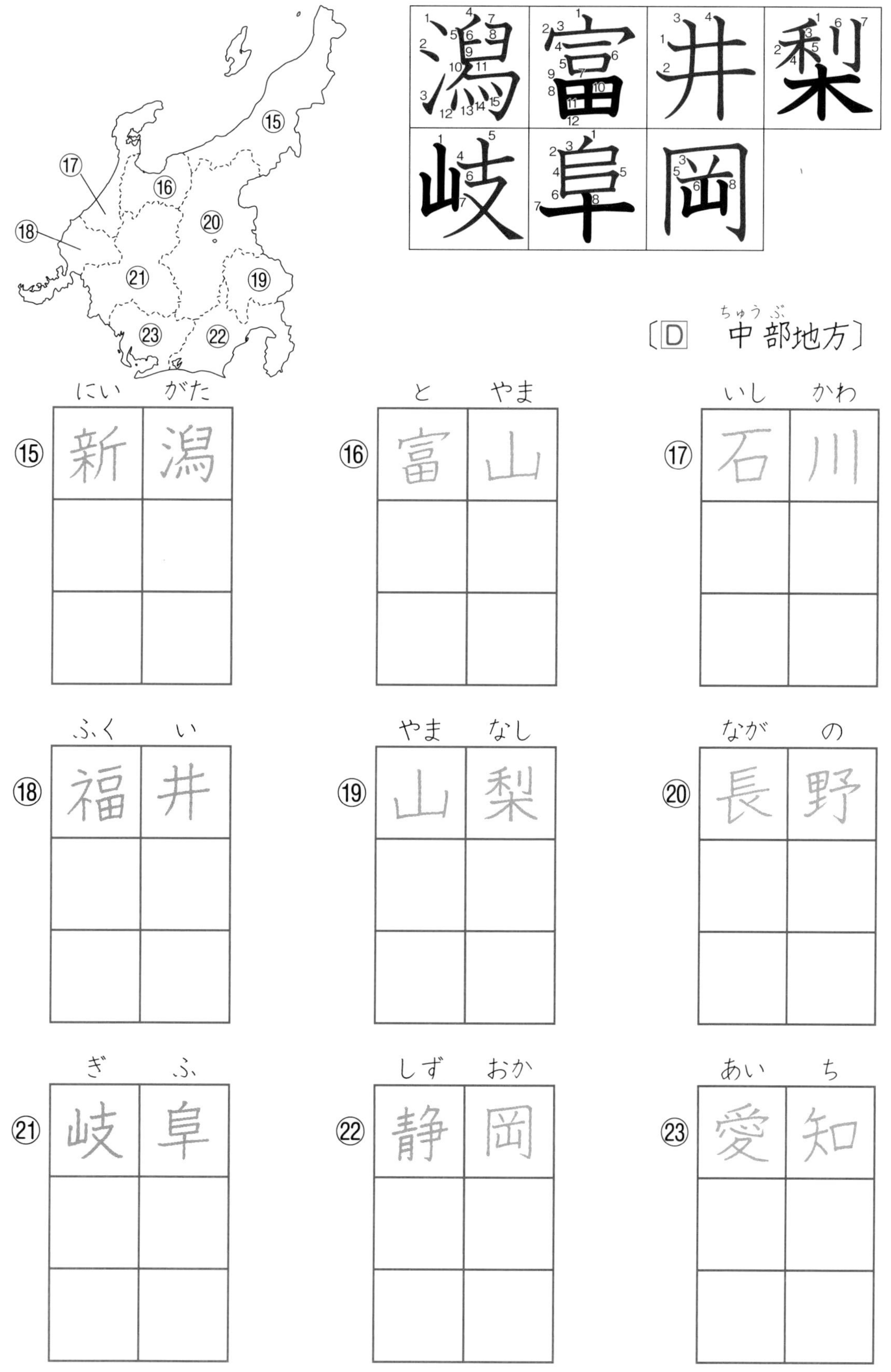

⑮
⑯
⑰
⑱
⑲
⑳
㉑
㉒
㉓
潟
富
井
梨
岐
阜
岡
〔D 中部地方〕
ちゅうぶ
⑮ にいがた 新潟
⑯ とやま 富山
⑰ いしかわ 石川
⑱ ふくい 福井
⑲ やまなし 山梨
⑳ ながの 長野
㉑ ぎふ 岐阜
㉒ しずおか 静岡
㉓ あいち 愛知

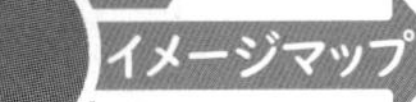

都道府県の読み方・書き方③

㉔～㉟の場所を確(かく)にんしてから、都道府県(とどうふけん)名の練習をしましょう。

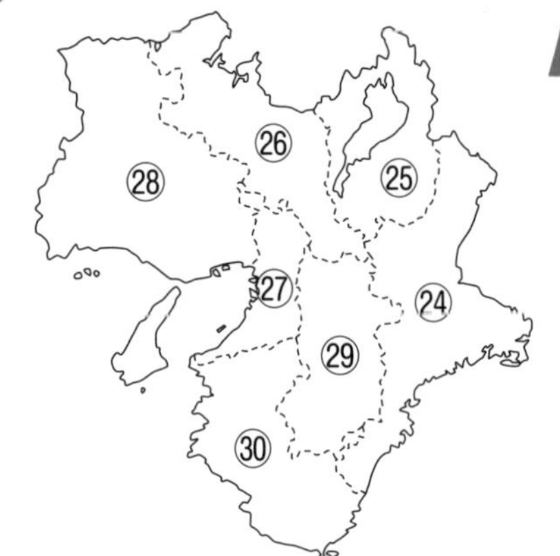

〔E　近畿(きんき)地方〕

㉔ 三重(みえ)

㉕ 滋賀(しが)

㉖ 京都(きょうと)

㉗ 大阪(おおさか)

㉘ 兵庫(ひょうご)

㉙ 奈良(なら)

㉚ 和歌山(わかやま)

畿　滋　賀　阪　奈

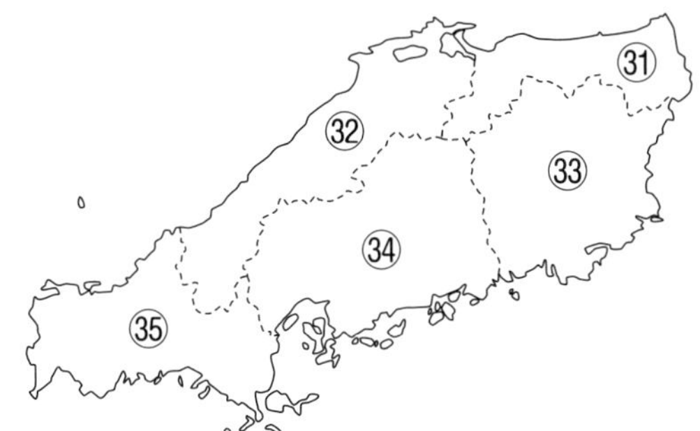

〔F　中国（ちゅうごく）地方〕

㉛ 鳥取（とっとり）

㉜ 島根（しまね）

㉝ 岡山（おかやま）

㉞ 広島（ひろしま）

㉟ 山口（やまぐち）

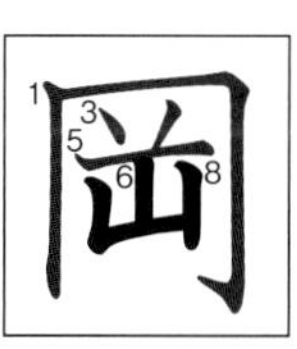

都道府県の読み方・書き方④

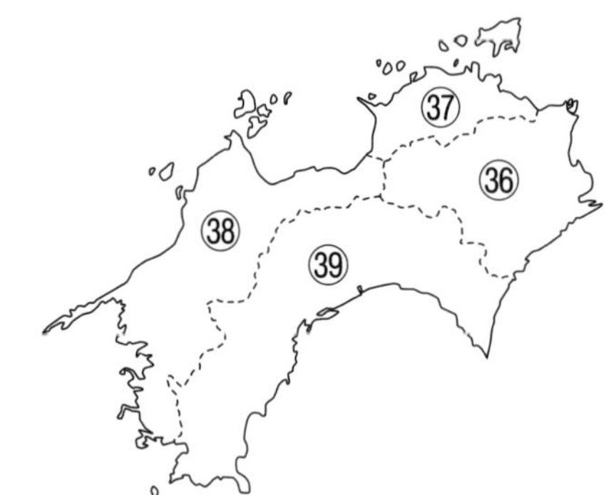

㊱～㊼の場所を確(かく)にんしてから、都道府県(とどうふけん)名の練習をしましょう。

〔G　四国(しこく)地方〕

㊱ 徳島(とくしま)

㊲ 香川(かがわ)

㊳ 愛媛(えひめ)

㊴ 高知(こうち)

徳	香	愛	媛

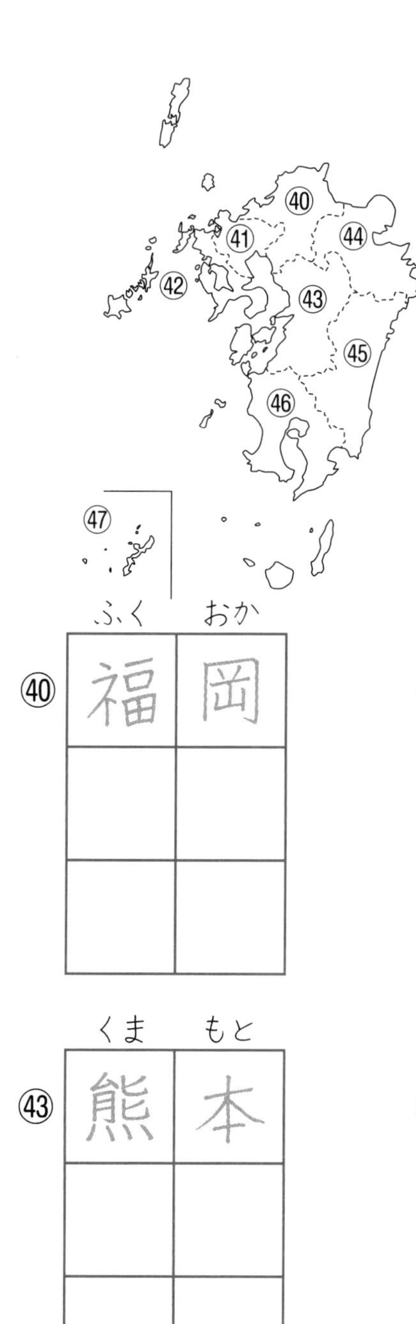

佐	賀	崎	熊
鹿	児	沖	縄

〔H　九州地方〕

㊵ 福岡（ふく　おか）

㊶ 佐賀（さ　が）

㊷ 長崎（なが）

㊸ 熊本（くま　もと）

㊹ 大分（おお　いた）

㊺ 宮崎（みや）

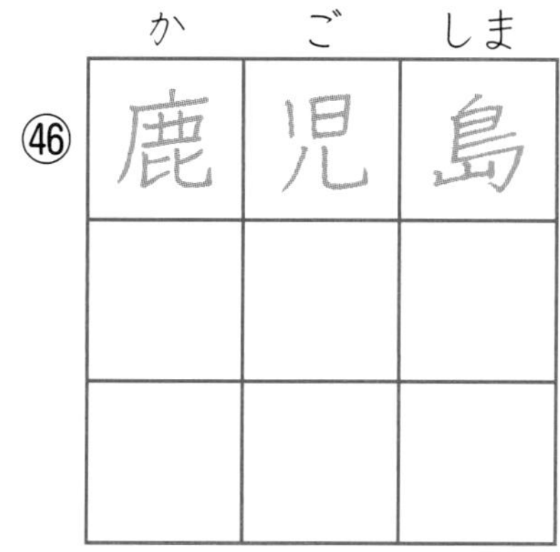

㊻ 鹿児島（か　ご　しま）

㊼ 沖縄（おき　なわ）

地図学習　答え

(※イメージマップの解答は省略しています)

① 地図の見方・作り方

<p.6－7>方位と絵地図

1 ① 方位 ② 四方位
③ 八方位 ④ 東
⑤ 西 ⑥ 南

2 ① 北 ② 北東
③ 東 ④ 南東
⑤ 南 ⑥ 南西
⑦ 西 ⑧ 北西

3 ① 北
② 病院
③ 西
④ 東・けいさつしょ
⑤ 消ぼうしょ
⑥ 南・寺

<p.8－9>絵地図と地図記号

1 (1)(2)(3)(4)

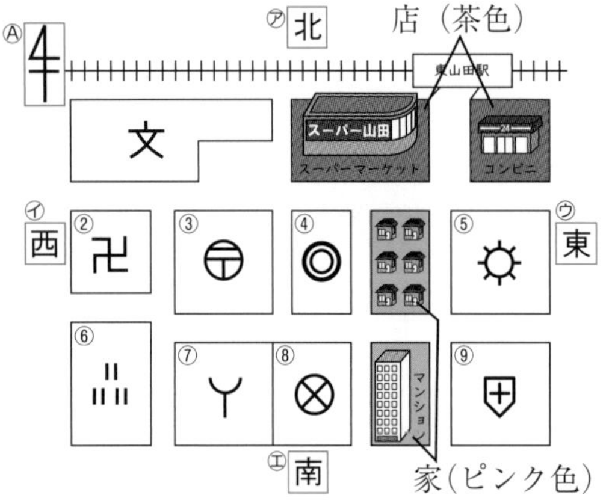

2

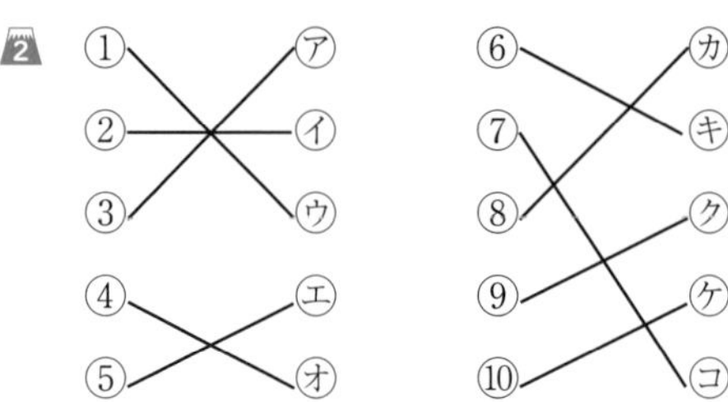

<p.10－11>絵地図から地図に

1 (1) ㋐ 消ぼうしょ
㋑ けいさつしょ
㋒ 市役所 ㋓ 学校
㋔ 図書館 ㋕ 病院
㋖ 寺
(2) ① ゆうびん局、〒
② 神社、⛩
③ 工場、☼

2 (1) 南
(2) ① けいさつしょ ② 病院
(3) ㋐ 図書館 ㋑ 市役所
(4) 田んぼ
(5) 南西

<p.12－13>地図から読み取る市のようす

1 (1) ① 海 ② 川
③ 家や店 ④ 田や畑
(2) ① ㋑ ② ㋓ ③ ㋔
④ ㋒ ⑤ ㋒ ⑥ ㋐

要点まとめ－①

<p.14－15>地図の見方・作り方

1 ① 北 ② 北東
③ 東 ④ 南東
⑤ 南 ⑥ 南西
⑦ 西 ⑧ 北西

2 ① けいさつしょ　② 寺
③ 学校　④ 工場
⑤ 神社　⑥ 病院
⑦ くだもの畑　⑧ 田

3 (1) ① ㋒、〶　② ㋓、☼
③ ㋑、◎　④ ㋐、Y
(2) 学校 ⇒ 図書館 ⇒ 寺 ⇒ 神社

要点まとめ－②

<p.16－17>地図の見方・作り方

1 (1) 東
(2) ㋐ 神社　㋑ 寺
(3) 東出口
(4) ゆうびん局、市役所（順不同）
(5) 病院

2 ㋒、図書館

② しゅくしゃく・等高線

<p.20－21>しゅくしゃく

1 ① きょり　② ちぢめて
③ しゅくしゃく

2 (1) 1 cm…500m
2 cm… 1 km（1000m）
3 cm…1.5km（1500m）
(2) ㋐ 2
㋑ 2 cm×50000=100000cm
=1000m
= 1 km
(3) ㋐ 4
㋑ 4 cm×50000=200000cm
=2000m
= 2 km

3 (1) ㋐ ごまんぶんのいち
㋑ いちたいごまん
(2) ㋐

<p.22－23>しゅくしゃく

1 ① 1000000　② 100万
③ 30

2 ① 西　② 3　③ 南
④ 神社　⑤ 2.5　⑥ 2.5km

3 (1) Ⓐ 2万5千分の1
Ⓑ 5万分の1
(2) Ⓐ 250　Ⓑ 500
(3) 1500
(4) Ⓐ

<p.24－25>等高線

1 (1) 等高線
(2) ① せまい　② 急
③ 広い　④ ゆるやか

2 ㋒

3 (1)

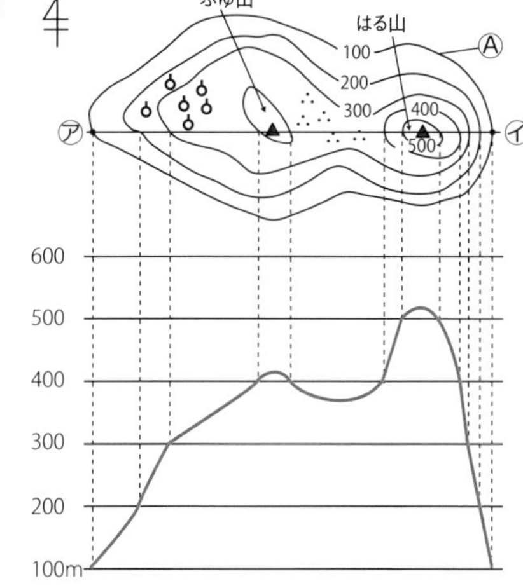

(2) ① はる山　② ふゆ山
③ 西

＜p.26－27＞等高線

1 ①

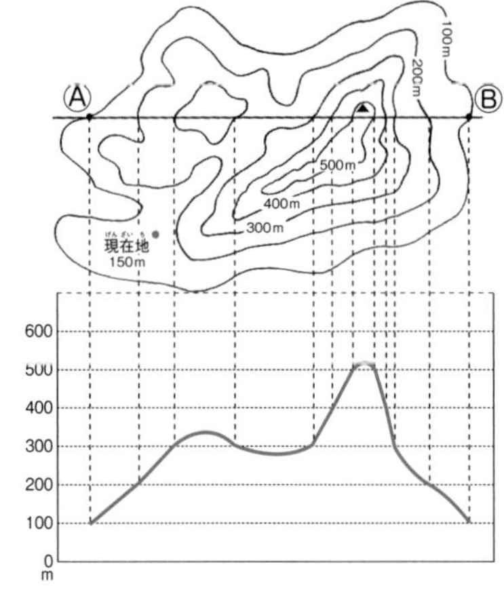

② 100　③ せまく　④ 350

2 (1) ① 600　② 400

(2) ㋑

(3) ㋐ くだもの畑　㋑ 茶畑

㋒ 田

(4) ㋒

(5) Ⓐ

要点まとめ－③

＜p.28－29＞地図のしゅくしゃく・等高線

1 (1) ① 北東、2 km

② 西、3 km

③ 北西、5 km

④ 南東、5.5km

(①～④は数が近ければ正解)

(2) ① 田　② 茶畑

③ くだもの畑

2 ① 等高線　② 高低

③ 急　④ ゆるやか

3 (1) 神社　200、寺　600

(2) ロープウェイ　1200

ケーブルカー　500

(3) ㋒

要点まとめ－④

＜p.30－31＞地図のしゅくしゃく・等高線

1 (1) Ⓐ 500　Ⓑ 250

(2) 750

(3) 20万

(4) Ⓑ

2 ①

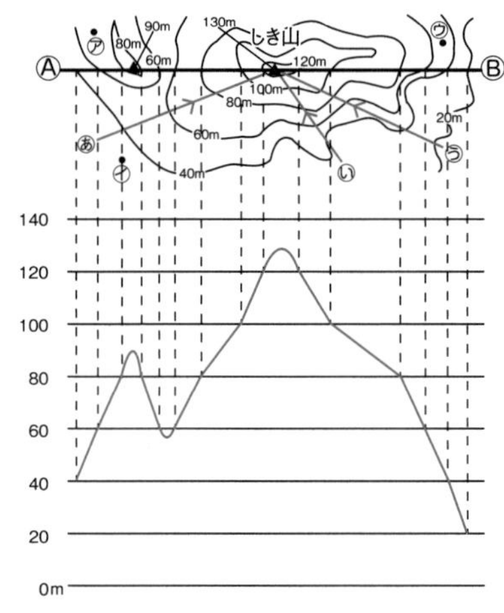

② ㋐、60　③ い

③ 世界から見た日本の位置と領土・領海

＜p.34－35＞世界の中の日本

1 ① ユーラシア

② 北アメリカ

③ 南アメリカ

④ アフリカ

⑤ オーストラリア

⑥ 南極

Ⓐ インド洋　Ⓑ 太平洋

Ⓒ 大西洋

2 ① 経線　② 北極　③ 緯線

④ 赤道　⑤ 南極

3 ① ㋓　② ㋑

③ ㋐　④ ㋒

<p.36－37>日本の国土と領土・領海

1 (1) ユーラシア

(2) 赤道

(3) ㋐ 北緯　㋑ 東経

(4) オーストラリア

(5) 南アメリカ、南極

2 (1) ① ロシア連邦

② 中華人民共和国

③ 朝鮮民主主義人民共和国

④ 大韓民国

Ⓐ 与那国島　Ⓑ 沖ノ鳥島

Ⓒ 南鳥島　Ⓓ 択捉島

(2) 北方領土、ロシア連邦

(3) ㋐ 東シナ海　㋑ 日本海

㋒ オホーツク海

要点まとめ－⑤

<p.38－39>世界から見た日本の位置と領土・領海

1 (1) 赤道

(2) 北半球：ユーラシア

北アメリカ

北半球と南半球：アフリカ

南アメリカ

南半球：オーストラリア

南極

(3) ① インド洋　② 大西洋

2 (1) ㋐ 東シナ海

㋑ オホーツク海

㋒ 太平洋

(2) ① 東　② 日本

③ 択捉　④ 与那国

(3)

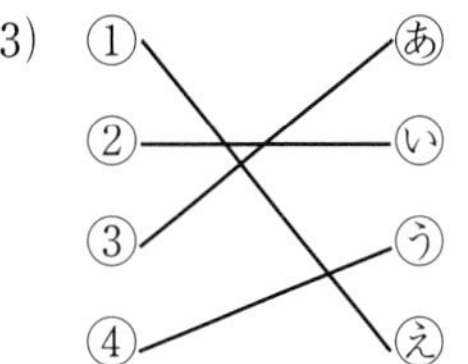

要点まとめ－⑥

<p.40－41>世界から見た日本の位置と領土・領海

1 (1) ① 南アメリカ

② 北アメリカ

③ ユーラシア

④ アフリカ

⑤ オーストラリア

(2) 太平洋 ⇒ 大西洋 ⇒ インド洋

(3) 南極

2 (1) ① 本州　② 北海道

③ 九州　④ 四国

(2) 北　択捉島、西　与那国島

(3) 3300

(4) ① オホーツク、A

② 日本、D

③ 東シナ、B

④ 日本の地形

<p.44－45>山地・山脈・高地

1 ① 日高　② 奥羽　③ 北上

④ 越後　⑤ 関東　⑥ 飛騨

⑦ 木曽　⑧ 赤石　⑨ 紀伊

⑩ 中国　⑪ 四国　⑫ 九州

2 ㋐ 山脈　㋑ 高地　㋒ 山地

3 ① ４分の３　② 北海道

③ 九州　④ せぼね

⑤ 日本アルプス　⑥ 屋根

<p.46−47>山地・山脈・高地

1 (1) ① 山脈 ② 山地
③ 高地
(2) ① ㋑、奥羽 ② ㋓、越後
③ ㋕、飛驒 ④ ㋒、北上
⑤ ㋔、関東
(3) ① ㋛ ② ㋘ ③ ㋐
④ ㋖ ⑤ ㋙ ⑥ ㋗

2 ① 山地 ② 70% ③ せぼね
④ 南北 ⑤ 東西

<p.48−49>平地・川・湖

1 (1) ① 十勝 ② 石狩
③ 庄内 ④ 仙台
⑤ 越後 ⑥ 関東
⑦ 濃尾 ⑧ 高知
⑨ 筑紫
(2) Ⓐ 根釧 Ⓑ 甲府
Ⓒ シラス
(3) ㋐ 十勝 ㋑ 石狩
㋒ 雄物 ㋓ 最上
㋔ 信濃 ㋕ 利根
㋖ 木曽 ㋗ 淀 ㋘ 筑後

2 ① ナイル ② 6695 ③ 信濃
④ 367 ⑤ 短い ⑥ 急

<p.50−51>平地・川・湖

(1) Ⓐ 台地 Ⓑ 盆地
Ⓒ 平野
(2) ① 根釧 ② 十勝
③ 石狩 ④ 雄物
⑤ 庄内、最上 ⑥ 福島
⑦ 甲府 ⑧ 淀
(3) ① ㋒、関東 ② ㋓、信濃
③ ㋕、琵琶 ④ ㋖、筑後
⑤ ㋔、濃尾 ⑥ ㋑、仙台

要点まとめ−⑦

<p.52−53>日本の地形

1 ① 山地 ② 70%
③ せぼね ④ 日本の屋根
⑤ 短い ⑥ たき

2 ①—㋑
②—㋒
③—㋐
④—㋔
⑤—㋓

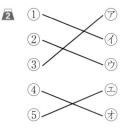

3 ① 根釧 ② 日高 ③ 石狩
④ 奥羽 ⑤ 庄内、最上
⑥ 越後、信濃 ⑦ 関東、利根
⑧ 飛驒 ⑨ 濃尾、木曽
⑩ 琵琶 ⑪ 紀伊 ⑫ 九州

要点まとめ−⑧

<p.54−55>日本の地形

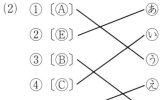

(1) ① 短く ② 急
③ 土やすな ④ 平野
(2) ①〔Ⓐ〕—㋒(う)
②〔Ⓔ〕—(あ)
③〔Ⓑ〕—(お)
④〔Ⓒ〕—(い)
⑤〔Ⓓ〕—(え)
(3) ① 飛驒 ② 木曽
③ 赤石
(4) ㋐ 日高 ㋑ 奥羽
㋒ 越後 ㋓ 紀伊
㋔ 中国 ㋕ 九州

⑤　都道府県　北海道・東北地方

＜p.58－59＞北海道・東北地方①

1　①　岩手県　②　秋田県
③　山形県　④　宮城県
⑤　福島県　⑥　青森県
⑦　北海道

2　①　宮城　②　秋田
③　山形　④　青森

3　①　根釧　②　日高　③　奥羽
④　庄内　⑤　最上

＜p.60－61＞北海道・東北地方②

1　与那国島　➡　択捉島
シラス台地　➡　根釧台地
利根川　➡　石狩川
飛驒山脈　➡　奥羽山脈
越後平野　➡　庄内平野（※順不同）

2　福島県

3　①　北海道　②　青森県
③　秋田県

4　①　北海道　②　青森県
③　岩手県　④　秋田県
⑤　宮城県

＜p.62－63＞北海道・東北地方③

1　(1)　①　福島　②　宮城
③　岩手　④　青森
(2)　札幌
(3)　①　秋田　②　山形
(4)　①　北海道　②　山形県
③　秋田県　④　宮城県
⑤　岩手県　⑥　福島県

2　[1]　いわて　[2]　ふくしま
[3]　みやぎ　[4]　あきた
㋐　ほっかいどう　㋑　あおもり
㋒　やまがた

☆

あ		い	う	え	お	か
ぎ	ん	が	て	つ	ど	う

⑥　都道府県　関東地方

＜p.66－67＞関東地方①

1　①　千葉県　②　茨城県
③　神奈川県　④　東京都
⑤　埼玉県　⑥　栃木県
⑦　群馬県

2　①　群馬　②　茨城
③　埼玉　④　千葉

3　①　関東　②　霞ヶ浦
③　利根　④　関東

＜p.68－69＞関東地方②

1　群鹿県　➡　群馬県
万葉県　➡　千葉県
関西平野　➡　関東平野
信濃川　➡　利根川
横浜県　➡　神奈川県　（※順不同）

2　神奈川県

3　①　栃木　②　千葉　③　茨城

4　①　埼玉県　②　神奈川県
③　群馬県　④　千葉県

<p.70−71>関東地方③

1 (1)

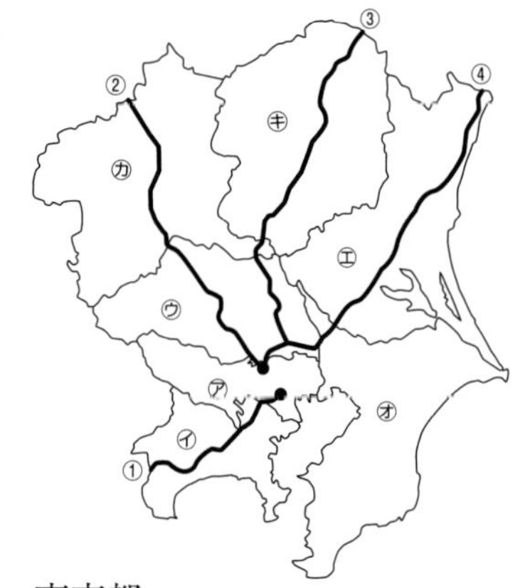

(2) 東京都

(3) ① ㋑ 神奈川県

② ㋒ 埼玉県　㋕ 群馬県

③ ㋖ 栃木県

④ ㋔ 千葉県　㋓ 茨城県

2 [1] とちぎ　[2] いばらき

[3] ぐんま

㋐ かながわ　㋑ さいたま

㋒ とうきょう　㋓ ちば

☆

あ	い	う		え	お		え	う
ぎ	ょ	う	ざ	と	な	っ	と	う

⑦ 都道府県　中部地方

<p.74−75>中部地方①

1 ① 愛知県　② 静岡県

③ 山梨県　④ 長野県

⑤ 石川県　⑥ 富山県

⑦ 新潟県　⑧ 福井県

⑨ 岐阜県

2 ① 静岡　② 富山

③ 山梨　④ 愛知

3 ① 越後　② 信濃　③ 飛驒

④ 濃尾　⑤ 富士

<p.76−77>中部地方②

1 日高山脈 ➡ 越後山脈

利根川 ➡ 信濃川

信州県 ➡ 長野県

白石山脈 ➡ 赤石山脈

愛媛県 ➡ 愛知県　（※順不同）

2 石川県

3 ① 福井　② 長野　③ 静岡

4 ① 石川県　② 山梨県

③ 愛知県　④ 岐阜県

<p.78−79>中部地方③

1 (1) ㋐、新潟県　㋑、富山県

㋕、岐阜県　㋘、愛知県

㋖、山梨県　㋗、静岡県

(2) Ⓐ ㋒、石川　㋓、福井

Ⓑ ㋗、静岡　㋘、愛知

Ⓒ ㋔、長野　㋕、岐阜

（ⒶⒷⒸは、それぞれ順不同）

2 [1] いしかわ　[2] ながの

[3] ふくい　[4] やまなし

㋐ にいがた　㋑ しずおか

㋒ ぎふ　㋓ あいち

㋔ とやま

☆

	あ	い	う		え		お	か
う	な	ぎ	と	ほ	た	る	い	か

⑧ 都道府県　近畿地方

<p.82−83>近畿地方①

1 ① 奈良県　② 滋賀県

③ 和歌山県　④ 三重県

⑤ 大阪府　⑥ 京都府

⑦ 兵庫県

2 ① 大阪 ② 和歌山
③ 兵庫 ④ 三重

3 ① 琵琶 ② 淀
③ 淡路 ④ 紀伊

<p.84−85>近畿地方②

1 霞ヶ浦 ➡ 琵琶湖
石狩川 ➡ 淀川
佐渡島 ➡ 淡路島
出雲大社 ➡ 伊勢神宮
関東山地 ➡ 紀伊山地 (※順不同)

2 大阪府

3 ① 和歌山 ② 兵庫 ③ 奈良

4 ① 滋賀県 ② 京都府
③ 大阪府 ④ 奈良県

<p.86−87>近畿地方③

1 (1) ① 滋賀県 ② 三重県
③ 和歌山県 ④ 大阪府
⑤ 兵庫県

(2) A 京都府 B 奈良県

(3) ① ㋑ ② ㋐ ③ ㋓
④ ㋔・㋕ ⑤ ㋒

2 1 おおさか 2 ひょうご
3 みえ
㋐ しが ㋑ なら
㋒ わかやま ㋓ きょうと

☆

あ	い	う	え		お	
や	ま	と	な	で	し	こ

⑨ 都道府県 中国・四国地方

<p.90−91>中国・四国地方①

1 ① 高知県 ② 岡山県
③ 山口県 ④ 島根県
⑤ 愛媛県 ⑥ 香川県
⑦ 鳥取県 ⑧ 広島県
⑨ 徳島県

2 ① 愛媛 ② 高知、徳島
③ 鳥取 ④ 島根

3 ① 中国 ② 瀬戸 ③ 四国

<p.92−93>中国・四国地方②

1 取鳥県 ➡ 鳥取県
中国山脈 ➡ 中国山地
日本海 ➡ 瀬戸内海
大豆島 ➡ 小豆島
五万十川 ➡ 四万十川 (※順不同)

2 香川県

3 ① 広島 ② 山口 ③ 愛媛

4 ① 鳥取県 ② 山口県
③ 徳島県 ④ 香川県

<p.94−95>中国・四国地方③

1 (1) ① 島根 ② 広島
③ 岡山

(2) ① 徳島 ② 高知

(3) ① 愛媛 ② 香川
③ 山口

2 1 やまぐち 2 とっとり
3 ひろしま 4 かがわ
㋐ おかやま ㋑ こうち
㋒ えひめ ㋓ しまね
㋔ とくしま

☆

あ	い			う		え	い
し	ま	な	み	か	い	ど	う

<p.98−99>九州地方①

1 ① 鹿児島県　② 沖縄県
③ 熊本県　④ 宮崎県
⑤ 福岡県　⑥ 大分県
⑦ 佐賀県　⑧ 長崎県

2 ① 沖縄　② 大分
③ 鹿児島　④ 佐賀

3 ① 筑紫　② 筑後
③ 九州　④ シラス
⑤ 屋久島

<p.100−101>九州地方②

1 信濃川 ➡ 筑後川
滋賀県 ➡ 佐賀県
根釧台地 ➡ シラス台地
佐渡島 ➡ 屋久島
宮崎台地 ➡ 宮崎平野　（※順不同）

2 宮崎県

3 ① 鹿児島　② 熊本　③ 宮崎

4 ① 長崎県　② 鹿児島県
③ 佐賀県　④ 大分県

<p.102−103>九州地方③

1 (1) A ① 福岡　② 佐賀
④ 熊本　⑦ 鹿児島
B ⑤ 大分　⑥ 宮崎
C ③ 長崎

(2) 沖縄

(3)
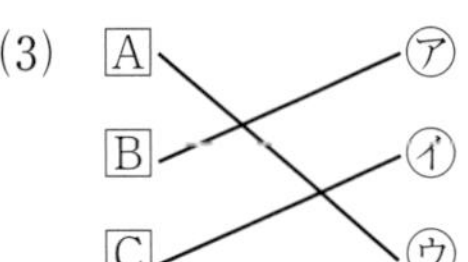

2 1 さが　2 おきなわ
3 かごしま
㋐ ながさき　㋑ おおいた
㋒ みやざき　㋓ ふくおか
㋔ くまもと

☆

	あ	あ	い	う	え		お	か
あ	た	た	か	な	な	ん	ご	く

<p.104−105>都道府県クイズ①

(1) ㋐ ながさき　㋑ きょうと
㋒ とちぎ　㋓ ぎふ
㋔ ふくおか　㋕ かながわ
㋖ わかやま

(2) ① 山形県　② 新潟県
③ 愛知県　④ 静岡県
⑤ 茨城県　⑥ 神奈川県

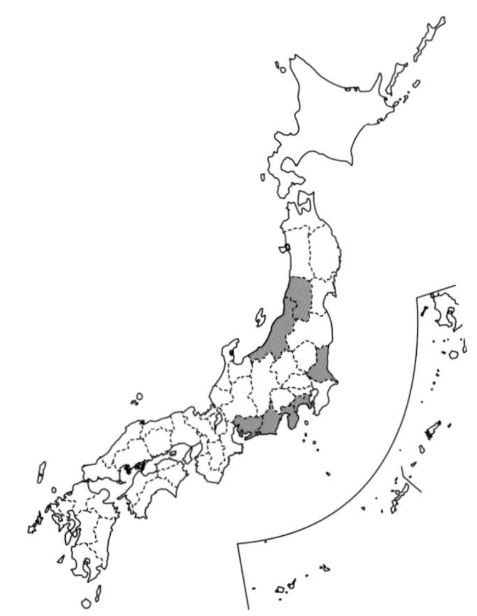

<p.106−107>都道府県クイズ②

(1) ① 北海道　② 岩手県
③ 福島県　④ 長野県
⑤ 新潟県　⑥ 秋田県
⑦ 岐阜県
㋐ 香川県　㋑ 大阪府

㋒　東京都　　㋓　沖縄県

㋔　神奈川県

(2)　Ⓐ　鳥取県　　Ⓑ　愛媛県

Ⓒ　福井県　　Ⓓ　青森県

Ⓔ　鹿児島県　　Ⓕ　滋賀県

<p.108－109>都道府県クイズ③

(1)　①　東京都　　②　神奈川県

③　大阪府　　④　愛知県

⑤　埼玉県　　⑥　千葉県

⑦　兵庫県

Ⓐ　鳥取県　　Ⓑ　島根県

Ⓒ　高知県　　Ⓓ　徳島県

Ⓔ　福井県

(2)　Ⓐ　富山県　　Ⓑ　石川県

Ⓒ　埼玉県　　Ⓓ　長野県

Ⓔ　奈良県　　Ⓕ　長崎県

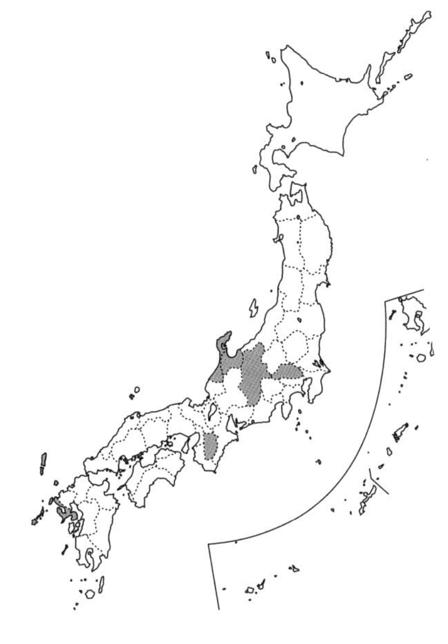

<p.110－111>都道府県クイズ④

(1)　①　栃木県　　②　群馬県

③　埼玉県　　④　山梨県

⑤　長野県　　⑥　岐阜県

⑦　滋賀県　　⑧　奈良県

(2)　Ⓐ　福島県　　Ⓑ　秋田県

Ⓒ　島根県　　Ⓓ　香川県

Ⓔ　三重県　　Ⓕ　広島県

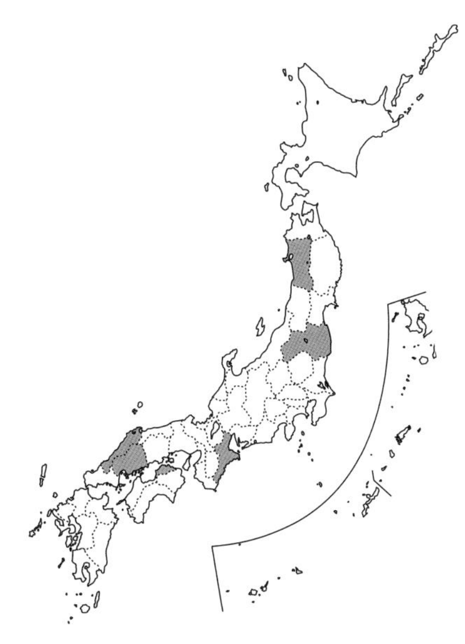

<p.112－113>都道府県クイズ⑤

1 ① 新潟県　② 岐阜県
③ 愛知県　④ 福岡県
⑤ 長崎県
㋐ 鹿児島県　㋑ 香川県
㋒ 三重県　㋓ 福井県
㋔ 徳島県

2 鹿 鹿児島県　馬 群馬県
鳥 鳥取県　熊 熊本県

3 ① 栃木　② 富山

<P.114－115>都道府県クイズ⑥

① 北海道　② 青森県
③ 岩手県　④ 宮城県
⑤ 福島県　⑥ 栃木県
⑦ 茨城県　⑧ 埼玉県
⑨ 東京都　⑩ 神奈川県
⑪ 静岡県　⑫ 愛知県
⑬ 岐阜県　⑭ 滋賀県
⑮ 京都府　⑯ 大阪府
⑰ 兵庫県　⑱ 岡山県
⑲ 広島県　⑳ 山口県
㉑ 福岡県　㉒ 熊本県
㉓ 鹿児島県　㉔ 佐賀県
㉕ 長崎県

<P.116－117>都道府県クイズ⑦

(1) ① 北海道　② 青森県
③ 秋田県　④ 山形県
⑤ 新潟県　⑥ 富山県
⑦ 石川県　⑧ 福井県
⑨ 京都府　⑩ 兵庫県
⑪ 鳥取県　⑫ 島根県
⑬ 山口県　⑭ 福岡県
⑮ 佐賀県　⑯ 長崎県

(2) ① ㋐ 和歌山県
㋑ 山梨県
㋒ 岡山県
② ㋓ 神奈川県　㋔ 香川県
③ ㋕ 福島県　㋖ 徳島県
㋗ 広島県　㋘ 鹿児島県

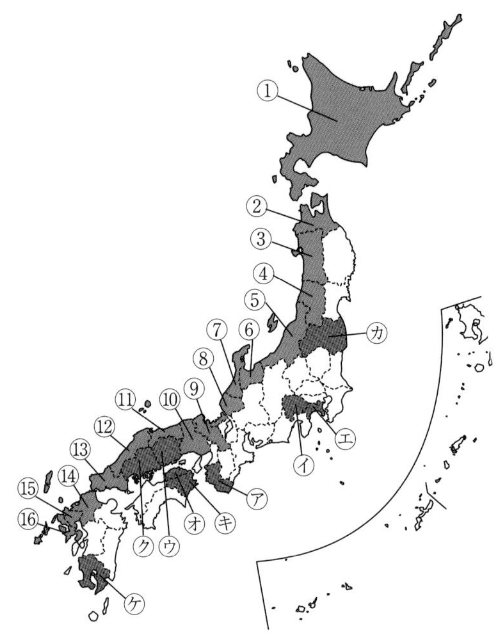

<p.118－119>都道府県クイズ⑧

1 ① 兵庫県　② 岡山県
③ 広島県　④ 山口県
⑤ 福岡県　⑥ 大分県
⑦ 愛媛県　⑧ 香川県
⑨ 徳島県　⑩ 和歌山県
⑪ 大阪府

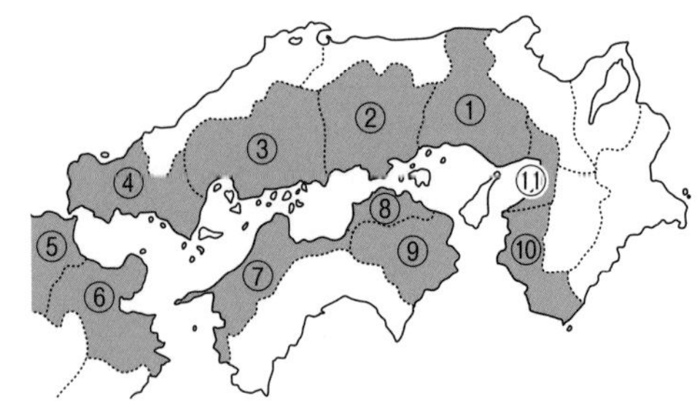

2 ① 岩手県　② 岐阜県
③ 和歌山県　④ 沖縄県

<p.120−121>都道府県クイズ⑨

1 (1) ㋠ 松江、島根
㋟ 松山、愛媛
㋞ 高松、香川

(2)
㋙　Ⓐ（群馬県）
㋛　Ⓑ（石川県）
㋘　Ⓒ（三重県）
㋓　Ⓓ（山梨県）

2 ① ㋐ 宮崎　㋑ 長崎
② ㋒ 滋賀　㋓ 佐賀
③ ㋔ 福岡　㋕ 静岡
㋖ 岡山
④ ㋗ 広島　㋘ 福島
㋙ 徳島　㋚ 島根

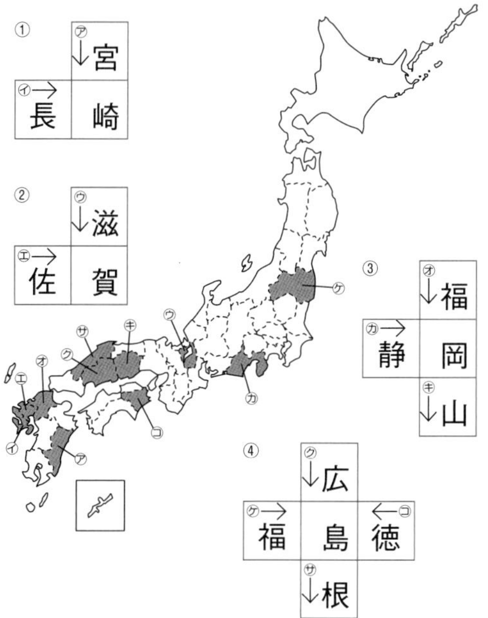

<p.122−123>都道府県クイズ⑩

1 [1] しずおか　[2] きょうと
[3] やまがた　[4] かごしま
[5] しが
㋐ ひょうご　㋑ とやま
㋒ おおいた　㋓ かがわ
㋔ しまね

2 ㋐ 奈良県、⑤　㋑ 大阪府、⑥
㋒ 鹿児島県、⑩　㋓ 岐阜県、④
㋔ 広島県、⑨　㋕ 兵庫県、⑦
㋖ 岩手県、②　㋗ 島根県、⑧
㋘ 北海道、①　㋙ 東京都、③

<p.124−131>都道府県の読み方・書き方

（しょうりゃく）

キソとキホン
「わかる!」がたのしい社会　小学校地図学習

2020年11月20日　発行

著　者　馬場田　裕康

発行者　面屋　尚志

企　画　清風堂書店

発行所　フォーラム・A
〒530-0056　大阪市北区兎我野町15-13
TEL 06-6365-5606／FAX 06-6365-5607
振替　00970-3-127184

制作編集担当　田邉光喜
表紙デザイン　畑佐実